A Arte da Comunidade

OUTROS LIVROS DE CHARLES H. VOGL

Storytelling for Leadership: Creating Authentic Connections
Building Brand Communities: How Organizations Succeed by Creating Belonging (a continuação de *A Arte da Comunidade*)

A Arte da Comunidade

2ª EDIÇÃO

7 Princípios para o Pertencimento

CHARLES H. VOGL

ALTA BOOKS
GRUPO EDITORIAL

Rio de Janeiro, 2025

A Arte da Comunidade 2ª Ed.

ISBN: 978-85-508-2718-6

Impresso no Brasil – 2a Edição, 2025 – Edição revisada conforme o Acordo Ortográfico da Língua Portuguesa de 2009.

Dados Internacionais de Catalogação na Publicação (CIP)

V883a
2. ed. Vogl, Charles H.
A arte da comunidade : 7 princípios para o pertencimento / Vogl, Charles H.; Tradução João Costa. - 2.ed. - Rio de Janeiro : Alta Books, 2025.
208 p.; 15,7 x 23 cm.

Título original: The Art of Community 2nd Edition.
ISBN 978-85-508-2718-6

1. Comunidade intencional. 2. Pertencimento. 3. Liderança comunitária. 4. Valores compartilhados. 5. Rituais. 6. Símbolos. 7. Storytelling. I. Título.
CDD 303.6

Índice para catálogo sistemático:
1. Comunidade: Pertencimento: Liderança - 303.6

Produção Editorial: Grupo Editorial Alta Books
Diretor Editorial: Anderson Vieira
Vendas Governamentais: Cristiane Mutüs

Produtoras da Obras: Beatriz de Assis & Viviane Corrêa
Tradução: João Costa
Revisão: Fernanda Lutfi
Diagramação: Junior Santos

ALTA BOOKS
GRUPO EDITORIAL

Rua Viúva Cláudio, 291 – Bairro Industrial do Jacaré
CEP: 20.970-031 – Rio de Janeiro (RJ)
Tels.: (21) 3278-8069 / 3278-8419
www.altabooks.com.br – altabooks@altabooks.com.br
Ouvidoria: ouvidoria@altabooks.com.br

Editora **afiliada à:**
ASSOCIADO

Ao Sr. e à Sra. Mwango, ao Sr. Puta, ao Sr. Davies
e à aldeia de Luposhi, na província de Luapula, Zâmbia.

Antes mesmo de eu perceber,
vocês me acolheram quando eu era um estrangeiro
em uma terra desconhecida, longe de casa e chorando à noite.
Que eu possa oferecer a outros o que vocês me deram
quando mudaram minha vida.

Sumário

Abra o círculo.
Abra o círculo ainda mais.
Que esta seja a nossa canção.
Ninguém está sozinho.
Mark Miller e Gordon Light,
"Draw the Circle Wide"

Prefácio para a Segunda Edição

Desde a publicação original de *A Arte da Comunidade*, a relevância da obra cresceu além da minha imaginação ou da minha editora, que apostou em um livro sobre ideias comprovadas em um assunto que, na época, era considerado algo de nicho. Nenhum de nós poderia saber que o ministro da Saúde dos Estados Unidos alertaria o país sobre a epidemia de solidão,[1] nem prevíamos a pandemia da Covid-19, que nos separaria de maneira sem precedentes. Talvez o momento do lançamento deste livro tenha sido apenas uma coincidência feliz. Talvez tenha sido uma sabedoria antiga que, sem saber, nos foi devolvida quando precisávamos dela.

Na minha vida profissional, eu trabalho com líderes nas áreas de tecnologia, educação, governança e transformação social. Baseando-me em parte nas tradições espirituais, ajudo esses líderes a compreender como podem desenvolver resiliência, fortalecer a identidade e vivenciar valores compartilhados. Quando os líderes criam uma comunidade robusta e comprometida, eles constroem relacionamentos eficazes, adaptáveis e resilientes em tempos dinâmicos e difíceis. Este livro é uma extensão desse trabalho. Ele é destinado principalmente, mas não exclusivamente, àqueles que buscam reunir outras pessoas para criar algo enriquecedor, satisfatório e significativo. Às vezes, esse algo é uma comunidade que pode mudar o futuro do nosso planeta.

Seu poder de unir as pessoas pode mudar, curar e amadurecer tanto você quanto outros. Isso o torna especial. A boa notícia é que não precisamos inventar novas maneiras de promover mudanças. As gerações anteriores aprimoraram lições que ainda funcionam. Só precisamos seguir sua sabedoria. Tudo está à sua espera. Bem-vindo à jornada.

Boa sorte.
Charles H. Vogl
Berkeley, Califórnia

Introdução

Incubando uma comunidade

Só consegui escrever este livro porque me senti deslocado durante muito tempo. Quando digo "deslocado", refiro-me a alguém que se pergunta: "Será que algum dia terei os amigos que desejo?" e "Será que algum dia me encaixarei em algum lugar?". Senti-me tão solitário que chorei sozinho à noite. Quando tinha vinte e poucos anos, acompanhei minha prima Erin à sua igreja grande, jovem e moderna em Los Angeles, porque estava procurando uma comunidade espiritual. O culto começou com uma música cadenciada do grupo de louvor contemporâneo. Naquele momento, aparentemente todos no auditório, bem mais de mil pessoas, se levantaram, ergueram as mãos e começaram a balançar ao som da música. Na metade do culto, eu não queria mais fingir que estava confortável. Eu preferia algo muito mais contemplativo. Silenciosamente, eu me sentei.

Ainda me lembro dos olhares de desaprovação dirigidos a mim, o único que estava sentado. Era evidente que eu não pertencia àquele lugar. Ao longo dos anos, procurei muitos lugares, buscando o grupo certo, aquele ao qual eu pertenceria.

Quando tinha 25 anos de idade, eu servi no Corpo da Paz dos EUA no norte da Zâmbia, perto da fronteira com o Congo-Zaire. Quando saí de casa, ansiava por conhecer pessoas tão corajosas e aventureiras quanto eu queria ser. Os aldeões receberam-me com generosidade, mas senti-me solitário muitas noites, num lugar diferente, com uma língua diferente e comida diferente. Não me sentir integrado àquele ambiente não foi uma surpresa. Mas também me lembro das noites em que me sentava ao redor de fogueiras com outros voluntários. Muitas vezes havia pilhas altas de caixas de cerveja por perto. Ao fundo, uma série interminável de jogos envolvendo bebida acontecia. Eu não bebo álcool. Uma noite, um voluntário do Corpo da Paz, que chamarei de Ralph, virou-se para mim e disse: "Não confio em pessoas que não ficam bêbadas." A partir dessa conversa e de várias noites semelhantes, entendi que também não me encaixava entre aqueles voluntários.

Depois do Corpo da Paz, mudei-me para Nova York, ainda com a esperança de encontrar o grupo ao qual pertenceria. Um pastor do East Side de Manhattan apresentou-me a sabedoria da palestra de C. S. Lewis, "O Círculo Interno".[1] Lewis escreveu que todos nós queremos entrar nos círculos internos de exclusividade. Esses são grupos mais exclusivos e mais interessantes do que aqueles aos quais já pertencemos. O problema não está nos círculos em si, mas em nosso desejo e anseio de entrar neles. Esse desejo leva pessoas boas a fazer coisas muito ruins. Isso é a causa não reconhecida de muita infelicidade. Lewis explica ainda que, infelizmente, quando entramos nesses círculos exclusivos, sempre descobrimos que há um círculo ainda mais atraente e exclusivo além deles. Esse padrão continuará para sempre, a menos que o quebremos. Essa é a armadilha do círculo interno.

A solução de Lewis foi encontrar algo de que gostássemos e fazê-lo com frequência. Depois, convidar outras pessoas para se juntarem a nós, se também gostassem de fazer aquilo. As pessoas que se juntassem a nós criariam um tipo especial de relação que nos permitiria escapar à armadilha do círculo interno. Essa relação chama-se amizade. Fiquei inspirado pela ideia de que, se não conseguisse encontrar a comunidade certa, talvez pudesse criá-la. Na época, eu estava produzindo, sem habilidade ou recursos suficientes, o que se tornou um documentário independente para a rede televisiva PBS. Também mobilizei outros funcionários de restaurantes que eram abusados por uma empresa que ignorava as leis trabalhistas. Percebi que construir uma comunidade era importante para o sucesso em ambas as iniciativas.

Na casa dos trinta anos, fui para a pós-graduação em Yale a fim de estudar tradições espirituais, ética e filosofia. Lá, aprendi muitas ideias que uniram pessoas em todo o mundo ao longo de milênios. Aprendi como os judeus se uniram dentro de um império hostil, como os anabatistas enfrentaram a Igreja Romana a um custo terrível, como os monges zen ainda dissuadem os forasteiros de participar de seus rituais privados mantidos há muito tempo, como os jainistas mantêm sua compaixão radical em um mundo violento e como as freiras devotadas à ecologia se unem para celebrar uma nova teologia para nossa relação com a Terra. Tantas pessoas, ao longo de tantos anos, permaneceram unidas em tempos brutais e sangrentos. Muitas vezes, elas foram tão bem-sucedidas que ainda podemos encontrar seus descendentes hoje. Foi inspirador ver como pequenos grupos podiam permanecer fortes, mesmo enfrentando ameaças existenciais. Havia muito a aprender com eles, lições que se aplicavam tão facilmente às comunidades seculares quanto às espirituais.

Uma coisa que me surpreendeu quando cheguei a Yale foi descobrir que a história e a fama da faculdade eram tão grandes que muitos outros alunos, assim como eu, achavam que nunca seriam bons o suficiente para realmente pertencer àquele lugar. Temíamos que, a qualquer momento, alguém nos pedisse para sair depois de revelar que éramos os impostores que tínhamos certeza de ser. Havia muita solidão e medo em Yale. Com a sabedoria de Lewis em mente, eu e minha agora esposa, Socheata, decidimos oferecer jantares em nossa casa todas as sextas-feiras à noite. Preparávamos um grande jantar com vários pratos e servíamos a qualquer pessoa que quisesse vir.

Naquele primeiro semestre, muitas vezes tive certeza de que tínhamos assumido um compromisso tolo. Os convidados cancelavam na última hora. Eu preparava um banquete e apenas três pessoas apareciam em um campus com 15 mil alunos. Tive que recusar convites para todas as outras atividades divertidas às sextas-feiras no campus e em Nova York. Com o tempo, as coisas mudaram. Com perseverança e muito trabalho, os jantares se tornaram populares de uma maneira inesperada. Depois de receber mais de quinhentas pessoas em nossa casa, em pequenas reuniões, ficamos exaustos. Em vez de desistir dos jantares, convidamos uma equipe de voluntários para planejar os cardápios, preparar as refeições e organizar o espaço. Arjan se ofereceu para gerenciar os líderes designados para os jantares, enquanto Sam passou a gerenciar os patrocinadores e as listas de convidados.

Enquanto preparava jantares, compartilhava essas refeições e limpava nossa cozinha, formei muitas das minhas amizades mais queridas. Esses amigos viajaram comigo por vários países e estiveram ao meu lado no meu casamento. Nos meus piores dias, eu os chamo para não chorar sozinho. Às vezes, eles choram na minha sala de estar. Agora somos uns para os outros o que chamamos de "amigos das três da madrugada". Sabemos que, quando ligamos uns para os outros às três horas da manhã, perguntamos como podemos ajudar e, então, agimos. Tornamos uns aos outros muito mais fortes.

No meu sexto ano em New Haven, meu amigo Melo me levou para almoçar no Yale Commons. Só nós dois nos sentamos em uma mesa grande no lado norte e ele compartilhou uma história especial comigo. Ele me contou que seu primeiro ano em Yale tinha sido o mais difícil de sua vida. Ele tinha vindo das Filipinas e a cultura norte-americana, o clima da Nova Inglaterra e o volume de trabalho já eram difíceis o suficiente. Ele descobriu que sua esposa, Jazz, que era médica, não podia trabalhar em Connecticut, então ela teve que morar e trabalhar a centenas de quilômetros de distância para que eles pudessem pagar as contas. Durante aquele primeiro semestre, o câncer de sua mãe piorou. Ele não tinha dinheiro para uma viagem surpresa a Manila, então, quando ela morreu, ele não pôde vê-la, dizer adeus ou "eu te amo" uma última vez. Como aconteceu comigo, ele chorou sozinho à noite. Durante as férias de verão, em sua casa em Manila, ele decidiu que nunca mais queria voltar para New Haven. Não importava que ele tivesse uma bolsa integral e fosse um dos poucos filipinos a estudar em Yale. Era simplesmente muito difícil. Ele não conseguia.

"Então", disse Melo, "lembrei-me dos seus convites para os jantares na sua casa. E soube que aquele era o meu lugar. Soube que não estava sozinho, e isso deu-me força para voltar". Eu não sabia que, quando ele me convidou para almoçar naquele dia, o fez porque se formaria no mês seguinte e queria que eu soubesse que todos nós, que organizamos aqueles jantares juntos, tínhamos mudado toda a sua vida. O ato de criar uma comunidade pode parecer simples, até mesmo mundano. Mas também pode provar ser algo transformador. Não estávamos apenas preparando jantares. Estávamos criando relacionamentos profundos que servem, apoiam e curam.

A inspiração para este livro

Em um dia ensolarado de junho, eu estava sentado em uma movimentada taqueria no centro de São Francisco com Kevin Lin, cofundador e diretor de operações da Twitch. Kevin supervisionava uma marca de jogos online avaliada em bilhões de dólares que atraía dezenas de milhões de visitantes todos os meses. Enquanto comíamos uma torrada e tomávamos um chá gelado, ele me contou como o número de usuários continuava crescendo exponencialmente. Em apenas três anos, sua marca havia criado, quase por acaso, um ponto de encontro para pessoas que amam videogames.

Para Kevin, ficou claro que os usuários queriam desesperadamente fazer parte de uma comunidade que representasse sua identidade, seus valores e seus interesses comuns. Recentemente, a empresa convidou mil desses usuários para se tornarem "parceiros" da marca. Eles receberam privilégios para trabalhar com a empresa de uma maneira especial, o que lhes deu maior visibilidade. Kevin contou que algumas pessoas ficaram tão emocionadas com o convite que choraram. Ele sabia que isso tinha pouco a ver com a oportunidade financeira — esses usuários já haviam demonstrado que forneceriam conteúdo gratuitamente. O que os emocionou foi a sensação de que estavam sendo bem recebidos em algum lugar e apreciados por quem eram.

Muitos usuários da Twitch se sentiam incompreendidos, subestimados e desconectados do mundo offline, disse Kevin, referindo-se ao estigma de ser um entusiasta de videogames. Só pelas horas que passavam online na Twitch, eles já demonstravam o quanto apreciavam encontrar uns aos outros. Mas Kevin não sabia como transformar o grupo em uma comunidade forte. Tudo o que ele realmente sabia fazer era convidá-los a visitar e usar o site. Na verdade, ninguém em sua empresa conhecia princípios comprovados para construir uma comunidade robusta, dotada de um rico sentimento de conexão. Além disso, a liderança da Twitch relutava em tomar medidas arriscadas para organizar os usuários, com medo de que tais mudanças arruinassem o que estava funcionando. Havia tantas ideias que eu queria compartilhar com Kevin imediatamente, para que ele e sua equipe pudessem atender melhor milhões de pessoas em todo o mundo e fazê-las se sentir mais conectadas. Ele compartilhou sua visão de eventos ao vivo maiores em todo o mundo e de uma comunidade global mais harmoniosa.

Este livro é minha homenagem a Kevin e a todos os outros construtores de comunidades que estão criando espaços onde podemos aprender a nos conectar, derrotar a solidão e enriquecer nossas vidas ao compreender onde e como pertencemos. Em suma, este livro é uma ferramenta para levar amizade e apoio para onde antes havia solidão, medo e alienação. Que suas comunidades atendam aos seus integrantes de todas as maneiras que eles desejam experimentar.

Você provavelmente já entende que é importante pertencer a comunidades fortes. Elas nos tornam mais eficazes para alcançar objetivos e superar desafios grandes e pequenos. As comunidades são criadas quando pelo menos duas pessoas começam a se preocupar com o bem-estar uma da outra. Se outras pessoas se juntam a essa pequena chama de cuidado, o fogo da comunidade cresce. Isso vale tanto para vizinhos quanto para ativistas globais e colegas de trabalho (ou até mesmo concorrentes) que enfrentam um grande desafio. Eu escrevi este livro para ajudar os líderes atuais e futuros, que trabalham de maneira presencial ou remotamente, a entender como fazer com que suas comunidades se sintam mais conectadas, duradouras e gratificantes. Se esta leitura for bem-sucedida, suas comunidades farão pelo menos quatro coisas melhor. Em primeiro lugar, elas ajudarão os seus integrantes a crescer da maneira que eles desejam. Esse crescimento pode ser técnico, social ou interno. Em segundo lugar, elas farão com que seus integrantes se sintam mais conectados, acolhidos, orgulhosos e entusiasmados por fazer parte do grupo. Em terceiro lugar, elas ajudarão os seus integrantes a trabalhar juntos para fazer a diferença que você imagina. Por fim, elas tornarão a participação mais divertida.

Pior do que antes

Nossa experiência cultural comunitária mudou radicalmente para pior durante a vida de muitos de nós. De modo geral, nossas conexões interpessoais se deterioraram tanto que agora vivemos no que o ministro da saúde dos EUA classifica como uma epidemia de solidão.[2] O número de pessoas que dizem não ter ninguém com quem conversar sobre assuntos difíceis triplicou em poucas décadas.[3] Além disso, o tamanho da rede social média das pessoas diminuiu em um terço no mesmo período.[4]

Você pode reconhecer essa tendência por experiência própria, porque a dor está por toda parte.

Quanta solidão existe por aí? De acordo com um relatório, aproximadamente oito em cada dez jovens adultos norte-americanos, entre 18 e 24 anos de idade, relatam sentir-se solitários.[5] Mais de quatro em cada dez norte-americanos entre 18 e 34 anos de idade dizem que "sempre" se sentem "excluídos".[6] Talvez pela primeira vez em nossa história, nossos jovens são mais propensos a relatar sentir-se solitários do que nossos idosos, que muitas vezes têm mobilidade limitada.

Na verdade, mais do que o dobro dos adultos mais jovens, se comparados aos adultos mais velhos, sentem-se *sempre* excluídos.[7] Eles não aprenderam as habilidades necessárias para criar as relações que nos ajudam a lidar com os desafios da vida.

As amizades que desejamos exigem tempo, mas passamos menos tempo com os amigos do que no passado. Uma pesquisa realizada pela American Time Use Survey indica que "o tempo médio gasto com os amigos diminuiu de 60 minutos por dia em 2003 para apenas 34 minutos em 2019".[8] Isso equivale a perder uma refeição compartilhada de três horas *por semana*. Talvez isso ajude a explicar por que pesquisas também revelam que aproximadamente metade de todos os norte-americanos tem apenas três amigos íntimos ou menos.[9] Pode ser surpreendente saber que, em todos os eventos dos quais participamos, aproximadamente metade das pessoas presentes relata não ter quatro amigos íntimos em todo o mundo. Mais de um em cada dez afirma não ter *amigos íntimos*.[10]

Isso não significa que os norte-americanos estejam satisfeitos com suas poucas amizades íntimas. Pesquisas também nos mostram que "os norte-americanos que têm mais amigos relatam níveis mais altos de satisfação com o número de amigos que têm... À medida que os norte-americanos acumulam mais amigos, seu nível de satisfação aumenta".[11] Estamos todos cercados por pessoas que querem mais conexões para ter uma vida melhor e mais vibrante. Há oportunidades em todos os lugares que vamos para tornar a vida melhor para as pessoas ao nosso redor, engajando-as com outras pessoas de maneiras significativas. Uma amizade pode de fato transformar vidas.

Distração digital e relacionamentos mediados digitalmente

As mídias digitais e os relacionamentos mediados digitalmente continuam a exercer uma influência sem precedentes sobre como, onde e quão bem (ou mal) interagimos.

Embora um relacionamento mediado digitalmente possa ser satisfatório, pesquisas indicam que vivenciamos esses relacionamentos de maneira diferente dos relacionamentos presenciais e que, via de regra, eles são *muito* menos satisfatórios. As muitas camadas de experiência que desfrutamos quando estamos fisicamente presentes uns com os outros fazem uma diferença profunda na maneira como nos sentimos e nos conectamos.[12]

Mesmo o uso casual de celulares pode prejudicar o prazer das experiências sociais. Um estudo da Universidade da Colúmbia Britânica relatou que, quando os celulares estão *apenas visíveis*, os participantes ficam mais distraídos e os aparelhos reduzem o quanto as pessoas aproveitam o tempo com amigos e familiares.[13] Quando experimentamos o "phubbing" (desprezar alguém presente para olhar para um celular), a experiência "afeta significativa e negativamente a qualidade da comunicação percebida e a satisfação no relacionamento".[14] Que resultado irônico para uma tecnologia que pensávamos que nos conectaria mais.

Adolescentes e jovens adultos são os que correm maior risco.[15] Em um estudo recente, quase metade dos adolescentes disse que usa a internet em geral "quase constantemente", o dobro do que há apenas dez anos.[16]

Isso não os torna mais felizes, mas eles não sabem como parar. Um terço já afirma que passa tempo demais nas redes sociais.[17] E um relatório do cirurgião-geral dos EUA sobre redes sociais e saúde mental revelou que "um terço ou mais das meninas de 11 a 15 anos de idade dizem se sentir 'viciadas' em certas plataformas de redes sociais, e mais da metade dos adolescentes afirmam que seria difícil abandonar as redes sociais".[18]

A toxicidade social de nossos relacionamentos mediados digitalmente e suas distrações é tão grave que milhares de escolas norte-americanas já utilizam programas para separar as crianças dos celulares durante o horário escolar, de modo que o governo federal oferece financiamento para tais programas.[19] Isso inclui guardar os telefones em bolsas durante o dia letivo. A tendência está crescendo.[20] O jornal *Washington Post* relatou que "os professores estavam implorando por ajuda".[21] Mesmo com apenas alguns anos de dados, está claro que os programas criaram "resultados profundos e inesperados" para os educadores que trabalham para limitar a distração causada pela tecnologia. Entre muitas melhorias nas escolas com a limitação do acesso aos celulares, os educadores relatam que os corredores e refeitórios estão mais barulhentos porque os alunos conversam uns com os outros.[22]

Está comprovado que a solidão é cara, além de ser prejudicial à saúde

Sabemos que as relações sociais têm efeitos positivos profundos na nossa saúde física e mental, longevidade e felicidade. A solidão mata e a qualidade de nossas relações é importante.[23] O Estudo sobre o Desenvolvimento

Adulto, com duração de 75 anos, indica que boas relações nos mantêm mais felizes e saudáveis.[24] Pessoas socialmente isoladas são menos felizes, apresentam declínio na saúde mais cedo e têm vidas mais curtas do que pessoas que não são solitárias. Uma pesquisa envolvendo mais de 300 mil participantes concluiu que ter laços sociais fracos era tão prejudicial à saúde quanto o alcoolismo.[25]

Em contrapartida, muitas pesquisas demonstraram que sentir conexão social pode fortalecer nosso sistema imunológico, prolongar nossa vida e reduzir os índices de ansiedade e depressão.[26]

A solidão leva a um desempenho pior no trabalho de maneira significativa,[27] em parte porque os trabalhadores solitários faltam mais ao trabalho e geralmente têm um desempenho inferior.[28] Nos Estados Unidos, o absenteísmo relacionado ao estresse atribuído à solidão custa aos empregadores cerca de US$154 bilhões por ano.[29]

Um estudo no Reino Unido mostrou que o fator mais importante para a felicidade no trabalho são as relações sociais positivas com os colegas de trabalho.[30] Essas relações sociais envolvem sentir-se valorizado, apoiado e respeitado, de modo que esses sentimentos estão associados a um envolvimento maior no trabalho. Estudos mostram que isso leva a "maior bem-estar psicológico, o que se traduz em maior produtividade e desempenho".[31]

Desesperados por uma interação mais profunda, muitas vezes a buscamos no ativismo baseado em valores. A geração *millennial*, por exemplo, é mais propensa a se juntar a uma causa (ambiental, social, econômica etc.) do que a um clube social.[32] Embora essas causas possam oferecer alguma conexão, elas geralmente não criam comunidades genuínas que possam proporcionar uma conexão profunda e duradoura. Para as gerações anteriores, outra fonte comum de interação era sua tradição religiosa e a igreja local, sinagoga, mesquita, gurdwara ou outro local de reunião religiosa. Mas os norte-americanos de hoje são muito menos propensos a frequentar encontros religiosos do que há vinte ou mesmo dez anos.[33] Simplificando, isso significa que não estamos nos reunindo de maneiras significativas e valiosas em rituais como fazíamos há apenas uma geração.

Quando encontramos pessoas que compartilham pelo menos alguns dos nossos valores, há uma oportunidade real de amizade. Não importa se isso acontece no trabalho, no nosso bairro ou durante um trabalho voluntário em um país distante. Construir uma comunidade cria um espaço para a amizade, e ela derrota a solidão. Em uma comunidade profunda, podemos ser vulneráveis e ainda assim saber que pertencemos a ela. Eu comecei essa jornada sem querer, porque estava desesperado para encontrar uma comunidade para mim. Eu continuo nela porque aprendi como é importante para todos nós saber que pertencemos a algo. Os líderes que tornam isso possível mudarão o mundo por gerações. Espero que isso lhe inspire.

Você está aqui para fazer a diferença

Valores compartilhados

Para a finalidade deste livro *tribos são pessoas que compartilham certos valores*, mesmo que estejam em lugares diferentes ou ainda não estejam conectadas. Esses valores podem se manifestar em interesses, atividades ou escolhas de vida compartilhadas. As tribos querem estar conectadas, mas ainda não estão conectadas em uma comunidade, como discutirei com profundidade no Capítulo 1.

Os integrantes da tribo querem estar perto de pessoas que os compreendam. Por exemplo, há muitas pessoas no mundo que valorizam o desenvolvimento da confiança e da coragem entre meninas e estão dispostas a agir. Elas criam uma tribo, mesmo que não tenham se reunido em uma comunidade formal, como a organização das escoteiras. As pessoas que reúnem uma tribo para criar uma comunidade são os líderes tribais. Como você está lendo este livro, é provável que seja um líder tribal. Ou talvez você seja um líder tribal, mas ainda não se deu conta disso. Se for o caso, você pode ser muito mais importante para outras pessoas do que imagina. Pode haver muito que você possa fazer para unir os integrantes da tribo em uma comunidade resiliente.

Edificando comunidades maduras

Sua comunidade pode ser muito pequena; na verdade, ela pode nem ter começado ainda. Você pode notar que sua comunidade não usa quase nenhum dos princípios discutidos neste livro. Não há nada de errado nisso. Comunidades pequenas e informais podem oferecer muito valor com pouquíssima estrutura ou consideração sobre o que faz a comunidade funcionar. Também é possível que os princípios estejam lá, mas você não os tenha procurado. É provável que você esteja enfrentando um ou dois desafios. A primeira possibilidade é que você queira criar ou desenvolver uma comunidade. Ela pode consistir em um grupo de estudantes, profissionais de tecnologia, professores, curandeiros, consultores ou qualquer outra tribo que tenha interesse em interagir com as pessoas ao seu redor e se preocupar com elas. As comunidades podem ser formais, com associação e administração oficiais (como os Médicos Sem Fronteiras), ou informais, vinculadas a valores e compromissos compartilhados (como pilotos de avião que servem áreas remotas na selva).

A segunda possibilidade é que você acredita que uma comunidade existente tem potencial para se tornar mais engajada ou eficaz. A comunidade atual pode parecer bem-sucedida por fora. Pode até ter muitos integrantes, eventos e financiamento. Mas as comunidades que parecem fortes e saudáveis às vezes são mal organizadas. Muitas não têm uma visão clara sobre o que fazem ou para onde estão indo. Elas não sabem como tornar suas atividades mais sofisticadas, eficazes ou gratificantes. Talvez não saibam como engajar os integrantes mais novos de forma significativa com os integrantes atuais. E podem ter dificuldade para encontrar os integrantes potenciais certos e ajudá-los a se envolver. Durante a redação original deste livro, trabalhei com uma famosa e longeva igreja em São Francisco. Mais de duas mil pessoas participavam dos cultos aos domingos. A igreja parecia forte, mas eu sabia que eles tinham dificuldades para envolver os membros mais jovens e oferecer aos visitantes uma maneira clara de se conectar com os membros ativos. Embora muita coisa estivesse acontecendo na igreja, sua sustentabilidade a longo prazo estava longe de estar garantida.

Se você não estiver enfrentando nenhum desses desafios, não se preocupe; há muito o que aprender com a leitura deste livro agora. Ele pode ajudá-lo a entender suas comunidades atuais e os estilos de liderança dentro delas. Você pode estar fora de uma comunidade tentando entendê-la, seja porque acha que quer participar ou porque tem certeza de que não quer. Ou talvez você seja um líder que não sabia que estava procurando por esses insights, até perceber que eles podem tornar seus esforços mais poderosos.

Criando comunidade

O título deste livro é *A Arte da Comunidade* porque a melhor construção de comunidade é uma arte. Não existe uma fórmula única. O que funciona para você e os seus não funcionará para todos. O sucesso refletirá seus valores, prioridades e crescimento. Assim como na arte, há formas e habilidades que você pode desenvolver, mas copiar outra pessoa não criará algo realmente inspirador. Você precisa trazer sua própria criatividade e experiência para o trabalho. E, embora seja necessário criar sua própria comunidade, este livro mostrará que existem princípios fundamentais de criação de comunidades que têm servido às pessoas há milênios. Mesmo quando uma organização se considera informal e desestruturada, à medida que ela amadurece esses princípios aparecem — quer os integrantes percebam ou não.

Servindo os integrantes da comunidade

Para criar algo a que outras pessoas queiram se associar e apoiar, precisamos nos lembrar de um princípio fundamental: as comunidades funcionam melhor e são mais duradouras quando ajudam seus integrantes a se tornarem bem-sucedidos de alguma forma em um mundo conectado e dinâmico. Se você se esquecer disso ou, pior ainda, se nunca entender, seus esforços serão inúteis. As comunidades que estou lhe incentivando a criar devem tornar as pessoas (inclusive você) mais fortes, mais felizes e cheias de bem-estar. A simples reunião das pessoas em sua vizinhança pode fazer isso. Assim como pode conectar milhões de pessoas em todo o mundo. Se não conseguirmos entusiasmar os integrantes a dedicar seu tempo e seu esforço, eles irão embora.

Ego X Boa liderança comunitária

Uma palavra de cautela antes de começarmos. Você provavelmente já teve a experiência de fazer parte de um grupo exclusivo no qual alguém (ou alguns) acreditava que, por pertencer a esse grupo específico, tinha permissão para se deleitar com suas próprias realizações e desmerecer os mais novos. Espero que você tenha percebido a rapidez com que essa atitude corrói o respeito e a influência. Abordaremos os "círculos internos" detalhadamente no Capítulo 8. Os líderes devem dar o exemplo para que os mais antigos respeitem e sirvam os mais novos. Sem isso, alguns certamente aumentarão seus próprios egos ao desrespeitar os integrantes novos do grupo. Eles se esquecerão de que a comunidade é mais forte quando atrai e apoia pessoas, as reconhecendo com o mesmo valor. Abusar dos novos mostrará que a comunidade é egoísta, engrandecida e, potencialmente, uma organização perigosa. Ela será perigosa porque estará muito mais comprometida em atender às suas próprias necessidades do que em servir como parte solidária de um mundo saudável.

Por fim, você pode ter visitado ou participado de uma comunidade (formal ou informal) que parecia ótima no início e depois seu interesse diminuiu. Talvez você tenha ficado chateado com a maneira como ela era administrada. Isso aconteceu porque ela deixou de ajudá-lo a ser quem você queria ser? Ela se tornou apenas mais uma tarefa ou responsabilidade? Talvez a comunidade tenha feito um trabalho ruim ao explicar qual era seu verdadeiro objetivo. Você entrou pensando que encontraria ajuda para alcançar X, mas descobriu que a comunidade estava realmente focada em ajudar os seus integrantes a alcançar Y. Se você tivesse entendido isso desde o início, nunca teria entrado. Às vezes, como líderes que reúnem pessoas, é fácil nos convencermos de nossa própria grandeza. Podemos ajudar a evitar isso lembrando que só podemos liderar a longo prazo quando estamos servindo aos outros.

Vamos ao que interessa.

Parte 1

Reconhecendo a Comunidade

1

Entendendo a Comunidade

Neste livro, eu defino *comunidade como um grupo de indivíduos que compartilham uma preocupação mútua com o bem-estar uns dos outros.* Isso é diferente de um grupo cujos integrantes podem compartilhar ideias, interesses, proximidade ou qualquer outra coisa, mas não se preocupam uns com os outros. O último tipo de grupo pode constituir uma tribo. Ele pode ser numeroso, como o Museu de Arte Moderna, a Associação Médica Americana ou o Greenpeace, mas seus integrantes não compartilham nenhum vínculo social forte. Robert Putnam, cientista político de Harvard, coloca isso da melhor maneira: "Eles torcem pelo mesmo time e compartilham alguns dos mesmos interesses, mas não sabem da existência uns dos outros. Em suma, seus laços são com símbolos em comum, líderes em comum e talvez ideais em comum, mas não uns com os outros."[1]

Quando percebemos que os outros estão preocupados com nosso próprio bem-estar, investimos mais na construção de uma comunidade com eles e nos sentimos mais conectados. Temos comunidades em nossas vidas que não têm integrantes formais, mas às quais nos sentimos conectados devido a essa preocupação mútua percebida: os vizinhos da sua rua ou do seu prédio, seus amigos que praticam esportes ou até mesmo as pessoas que você conhece do seu trajeto para o trabalho. Embora informais, essas são comunidades reais e importantes.

Reconhecendo uma comunidade

Há certas características que são quase universais em comunidades saudáveis. Embora as comunidades tenham diferentes níveis de amadurecimento e sofisticação, essas características surgirão rapidamente à medida que elas amadurecerem e ganharem importância. Seu sucesso no desenvolvimento de uma comunidade dependerá da sua capacidade de entender e articular as seguintes características:

Valores compartilhados
Identidade dos integrantes
Generosidade necessária
Prescrições morais
Compreensão interna

Valores unem uma comunidade

Todos nós queremos fazer parte de um grupo de pessoas que compartilham nossos valores. Não importa se nos vestimos, nos comportamos, trabalhamos ou consumimos de forma semelhante, nem mesmo se moramos na mesma região. Queremos acreditar que os outros valorizam o que nós valorizamos (e desdenham do que nós desdenhamos). Os valores compartilhados são o que nos atrai a um grupo em primeiro lugar. Ao compreender como um grupo desenvolve e expressa valores, um líder pode ajudar uma comunidade a amadurecer e crescer.

Podemos procurar uma comunidade por causa de uma atividade ou interesse compartilhado, o que indica que compartilhamos algum valor pela atividade. Mas nos sentiremos desconectados dessa comunidade se descobrirmos que não há valores compartilhados suficientes. Por exemplo, considere a CrossFit Oakland (CFO). Trata-se de um box de treinamento e uma afiliada da rede global de fitness CrossFit, conhecida por um estilo específico de exercícios físicos de alta intensidade. A empresa CrossFit, que criou a rede, foi fundada no norte da Califórnia em 2000 por Greg Glassman e Lauren Jenai.[2] Atualmente, estima-se que existam cerca de 15 mil academias afiliadas em pelo menos 150 países. Mais de três milhões de pessoas praticam CrossFit na rede em todo o mundo.[3] As academias são famosas por sua forte identidade cultural, que inclui a criação de comunidades de apoio que ajudam as mulheres a se fortalecerem ao lado dos homens.[4]

A CFO é uma academia local fundada por Mike Minium. Ele sabe que os membros podem se inscrever porque a academia oferece treinamento variado e de alta intensidade, mas eles permanecem porque se sentem conectados e bem-vindos. A comunidade valoriza muito mais a saúde, a segurança e o respeito pelo crescimento pessoal do que a força, a velocidade e a competitividade. Os membros demonstram isso em suas palavras e instruções e na aceitação de pessoas de todos os níveis de capacidade física. Se você consultar o site da CFO, encontrará esta declaração de propósito:

> Acreditamos no trabalho árduo para que você possa se divertir ao ar livre, dentro de casa, com seus filhos, com seus amigos, nas férias e ao longo da vida.
>
> Fazemos o que fazemos porque acreditamos que isso funciona para deixá-lo mais em forma, mais forte e mais saudável.
>
> Fazemos o que fazemos para que mais de vocês possam viver vidas mais longas, saudáveis, felizes e incríveis.
>
> Nós o servimos se você deseja entrar em forma e não sabe por onde começar.
>
> Nós o servimos se você busca orientação de qualidade e uma comunidade de apoio.[5]

Talvez você se surpreenda com o fato de haver uma linguagem de crenças e serviços no site de uma academia. A linguagem pública da empresa diz claramente que ela valoriza integrantes mais aptos, mais fortes e mais saudáveis. Eles também valorizam a comunidade, a saúde e aqueles que "não sabem por onde começar" (novatos). Sei, por meio de conversas com Mike e de visitas pessoais às academias CFO, que também há valores não declarados em relação a honrar o esforço daqueles com mais desafios físicos. Isso inclui valorizar a segurança, a paciência e a saúde a longo prazo em vez do desempenho a curto prazo. A CFO é uma comunidade porque os membros não apenas treinam juntos, eles cuidam uns dos outros. E os integrantes permanecerão por causa do compromisso duradouro da CFO com esses valores.

Praticamente todas as comunidades expressam seus valores de forma consciente ou inconsciente e, muitas vezes, das duas maneiras. Elas o fazem por meio de palavras em sites e materiais de marketing e, o que é muito mais importante, o fazem por meio de ações. Minha maneira favorita de reconhecer os valores reais de uma comunidade é ver onde as pessoas colocam as mãos na massa. Eu procuro o que os integrantes da comunidade valorizam tanto que se entregam a isso. Na CFO, por exemplo, os líderes e os colaboradores passam um tempo significativo na academia, cumprimentam os novos visitantes pessoalmente e ajudam os atletas novos ou de baixo desempenho em seus exercícios, em vez de dedicar seu tempo apenas aos atletas de alto desempenho. O local em que os integrantes colocam a mão na massa indica ao visitante se a liderança está falando sério. Talvez você conheça grupos que dizem valorizar a generosidade, a contribuição e a cooperação, mas já viu que, na verdade, são egoístas. A maioria das pessoas descobre rapidamente a verdade.

A formalização pode destruir uma comunidade se os valores forem ignorados. Quando surgem esforços para formalizar ou corporativizar uma comunidade, geralmente há uma preocupação compreensível de que esses esforços possam destruir a própria comunidade que se busca desenvolver. É por isso que é tão importante reconhecer os valores explícitos *e* implícitos que atraem e mantêm os integrantes conectados. Lembre-se de como a CFO valoriza explicitamente o desempenho superior e uma comunidade de apoio, e como ela valoriza implicitamente a paciência e os esforços dos atletas de baixo desempenho. Qualquer esforço de crescimento fracassará se os integrantes sentirem que a liderança da comunidade está negligenciando valores importantes ou introduzindo valores indesejáveis. As corporações com fins lucrativos correm esse risco especialmente se valorizarem os integrantes por seu potencial de receita (também conhecido como oportunidade de extração), em vez de valorizarem sua contribuição, o alinhamento de valores e o compromisso com a missão. Deixar qualquer parte significativa dos integrantes principais se sentindo desconectada ou abandonada é um perigo real ao formalizar ou corporativizar uma comunidade e pode levar à sua destruição.

Minha amiga Margaret* trabalha há anos em um conhecido resort de esqui que chamarei de Ski Valley. Ela me contou o que aconteceu quando uma grande empresa operadora de resorts assumiu o controle. Os novos

* Para proteger as identidades, alterei os nomes e os detalhes de identificação de algumas pessoas neste livro. Todas elas são pessoas reais.

proprietários celebraram a "alma" do resort em seu marketing, mas suas ações corroeram as conexões, a camaradagem e o comprometimento que a equipe sentia no trabalho. Margaret descreveu como ela e seus colegas de trabalho costumavam cuidar uns dos outros. Ela valorizava a conexão entre a vida profissional e a vida social, a liberdade de melhorar as operações e a amabilidade de um local de trabalho criado para a felicidade.

Tudo isso mudou com a chegada da nova liderança corporativa. A placa de boas-vindas na entrada da hospedagem foi substituída por três novas placas: Sem cães, sem álcool e sem drones. Em vez de cada departamento comemorar suas festas de fim de ano como bem entendesse, todos foram convidados para um evento combinado para 1.500 pessoas, sem intimidade. Agora, em vez de poder bater na porta de um gerente ou conversar no vestiário sobre melhorias operacionais, a equipe recebe instruções de alguém a quilômetros de distância. Margaret não apenas perde a oportunidade de discutir melhorias, como também não sabe nem mesmo o nome de quem toma as decisões. Os valores que ela apreciava em sua comunidade de trabalho não são mais expressos lá. Margaret disse que os funcionários que eram fundamentalmente "benfeitores" foram embora. Em vez de irem para o trabalho animados para melhorar a experiência dos hóspedes, muitos outros apenas "aparecem". Suspeito que, quaisquer que fossem os padrões que os executivos quisessem introduzir, eles não planejavam destruir uma cultura de aprimoramento vigilante e apoio mútuo.

As comunidades podem ter valores implícitos prejudiciais à saúde sem saber disso. Valores prejudiciais à saúde são aqueles que não estão servindo aos integrantes e podem até restringir a conexão e o enriquecimento. Você provavelmente já viu isso em alguma comunidade. Trabalhei por pouco tempo em uma instituição educacional de elite, onde havia um valor implícito de demonstrar "brilhantismo sem esforço". Alguns pareciam adorar isso e mostravam sua maestria deslumbrando os outros. Mas muitos alunos se sentiam oprimidos, temerosos e aprisionados por esse valor. Eles não estavam confiantes de que tinham brilhantismo para compartilhar. Muitas vezes, eles não diziam *nada* em voz alta por medo de que outra pessoa os diminuísse e, assim, demonstrassem maior brilhantismo sem esforço.

Você pode imaginar a falta de conexão social e de enriquecimento que era promovida quando os alunos tinham medo de falar. O problema era tão grave que vários alunos que conheci criaram suas próprias comunidades secretas para se protegerem das inevitáveis críticas e julgamentos de seus colegas. As comunidades espirituais e religiosas, em particular, muitas vezes enfrentam esse desafio de valores implícitos não acolhedores. Elas podem defender um valor explícito de acolher estranhos, mas sua linguagem (e a pessoa ao lado de quem estão) mostra que elas valorizam sua própria homogeneidade, familiaridade e conformidade.

Em grande parte, são a discordância em relação aos valores e a aparente hipocrisia que irritam as pessoas de fora e impedem que os visitantes se unam para se conectar.

Valores e identidade dos integrantes

Como os integrantes compartilham valores, as comunidades ajudam a responder, de alguma forma, a três perguntas importantes para os integrantes:

Quem sou eu?
Como devo agir?
Em que acredito?

Eu chamo isso de *identidade por integração.*

Faça uma pausa por um momento e pense: como você descreveria a identidade de integrante de sua comunidade? Se sua resposta for que sua comunidade não diz aos integrantes quem eles são, o que devem fazer ou no que devem acreditar sobre qualquer coisa em qualquer nível, então há duas possibilidades. Em primeiro lugar, você não está realmente criando uma comunidade, mas apenas um grupo. Um grupo pode compartilhar interesses e valores, mas uma comunidade tem conexões para que os integrantes se preocupem com o bem-estar uns dos outros. Em segundo lugar, você simplesmente não está reconhecendo a identidade dos integrantes. Considere por que alguém o procuraria e o que essa pessoa espera ganhar como integrante. Considere o que essa pessoa espera da comunidade e da liderança, tanto formal quanto informal.

Por exemplo, se você tem uma comunidade de ciclistas de fim de semana, existem ideais que seus integrantes têm sobre o ciclismo? Talvez eles gostem de andar de bicicleta porque é bom para a saúde, ou porque é para os corajosos e aventureiros, ou porque é uma atividade ao ar livre que respeita o meio ambiente. Isso fornece um esboço da identidade de sua comunidade. Sua comunidade tem ideias sobre como os bons ciclistas agem? (Isso geralmente é identificado por meio de um contraste com o modo como os ciclistas ruins agem.) Vocês têm ideias sobre sua identidade como ciclistas? Você recebe bem qualquer pessoa com uma bicicleta? Em qualquer idade ou nível de habilidade? Alguém que esteja se preparando para o Tour de France se encaixará nessa comunidade? Que tal uma criança de 10 anos de idade com uma mountain bike? Você pode responder que qualquer pessoa que goste de andar de bicicleta é bem-vinda, que você tem eventos especiais para iniciantes, outros para corredores e outros para ciclistas de enduro. Mas será que um policial ciclista registrando seu grupo para vigilância terrorista se encaixaria igualmente bem?

O objetivo dessas perguntas é ajudá-lo a reconhecer que pode haver identidades presentes em sua comunidade que não são reconhecidas e não são declaradas. É importante que você as considere com cuidado, pois há um duplo perigo em não reconhecê-las — podemos não entender quem são as pessoas certas para a nossa comunidade ou podemos pedir às pessoas que adotem identidades por integração incoerentes com seus próprios valores pessoais. Falaremos mais sobre isso a seguir.

Em primeiro lugar, aqui estão alguns exemplos de valores essenciais e identidades de associação compartilhados comigo por pessoas que conheço em comunidades de apoio que elas apreciam.

Melissa se reformou recentemente como a primeira mulher capitã do corpo de bombeiros na história de New Haven, Connecticut. Em sua carreira, ela comandou o quartel de bombeiros mais movimentado da cidade e supervisionou duas equipes. Ao longo dos anos, ela retirou pessoas de carros destruídos, interviu em tiroteios e, é claro, apagou incêndios. Ela me disse que tem uma comunidade de bombeiros que ela sabe que a atenderá, não importa a hora, o clima ou a emergência. Eles sabem que ela fará o mesmo por eles. Veja como ela descreve a identidade de sua comunidade pessoal de bombeiros:

Comunidade de bombeiros da Melissa

Valores

Ser hipervigilante para salvar vidas, incluindo a disposição de correr grandes riscos. Abraçar a vida no presente.

Treinar durante anos para o pior dia da vida de alguém. Ter um profundo conhecimento de um local e de suas circunstâncias particulares para se preparar para emergências ("planejamento pré-incêndio").

Identidade

Quem sou eu: Eu sou quem resolve as situações nos piores dias. Eu sou a garantia em circunstâncias terríveis.

Como devo agir: Eu apareço, não importa quão ruim ou incontrolável seja a situação. Exalo confiança e controle, independentemente das surpresas que apareçam.

Em que acredito: Acredito que a vida é frágil. Acredito que nossas vidas podem mudar em um momento; e acredito que vale a pena arriscar minha vida para salvar outra pessoa.

Adam é um chef executivo na Bay Area de São Francisco que dirige cozinhas profissionais e presta consultoria a proprietários de restaurantes. Ele também está formando uma empresa nacional de alimentos. Ele tem uma comunidade de chefs executivos que se apoiam mutuamente em grandes eventos e desafios logísticos, comemorando juntos com muita comida. Veja a seguir como ele descreve a identidade de sua comunidade de chefs:

Comunidade de chefs executivos do Adam

Valores

Trabalhar longas horas para criar refeições excelentes. Criar novas experiências gastronômicas.

Respeitar as pessoas que fazem comida extraordinária.

Identidade

Quem sou eu: Sou uma autoridade em métodos culinários e sou responsável por fazer milhares de refeições sempre excelentes.

Como devo agir: Aprendo sobre novas pesquisas de alimentos, sabores e ingredientes. Encontro maneiras melhores de resolver problemas culinários, melhorar os alimentos e apoiar outros chefs quando eles precisam de ajuda.

Em que acredito: Alimentar as pessoas é importante e vale a pena trabalhar longas horas para fazer bem feito. A comida é empolgante e melhora a vida de outras pessoas.

Sara é diretora e produtora de cinema. Há mais de dez anos, ela trabalha em Nova York e São Francisco em projetos que vão ao ar em canais de televisão e na PBS nacional e que percorrem o mundo em festivais de cinema. Ela faz parte de uma comunidade de documentaristas que compartilha equipamentos e trabalhos em projetos, além de ajudar uns aos outros a trafegar no cenário jurídico e de financiamento de mídia em constante mudança. Veja como ela descreve a identidade de sua comunidade de cineastas:

Comunidade de cineastas da Sara

Valores

Compreender o ponto de vista de outra pessoa. Dissipar estereótipos e preconceitos.

Compartilhar a verdade, não importa o quanto seja desconfortável.

Criar empatia por pessoas e ideias desconhecidas ou mal compreendidas.

Identidade

Quem sou eu: Sou uma contadora de histórias que espera compartilhar as verdadeiras nuances das pessoas e criar empatia.

Como devo agir: Eu procuro pessoas cujas histórias são desconhecidas ou mal representadas e as compartilho para contribuir com a compreensão do mundo.

Em que acredito: Eu acredito que todos têm uma voz e nem todos têm as ferramentas para projetar essa voz. Acredito que é minha responsabilidade fazer com que mais vozes sejam ouvidas. Acredito que compartilhar a verdade de maneira poderosa e visual pode fazer a diferença na vida das pessoas.

Para desenvolver uma comunidade unida, é essencial articular claramente os valores centrais da comunidade e a identidade dos integrantes, pelo menos para você. Nem todos os valores comumente defendidos pelos integrantes precisam ser articulados, apenas os valores centrais que unem os integrantes da comunidade em uma identidade compartilhada. Depois de identificá-los, temos princípios que podem ser usados para avaliar as opções para a comunidade, garantindo que tomemos decisões alinhadas com os valores e a identidade dos integrantes.

Um dos perigos de não articular claramente nossos valores é que *você pode não saber quem o está procurando.* Você pode até procurar pessoas com os valores e crenças errados. Isso não é bom se você pretende fortalecer a comunidade existente com mais pessoas que compartilhem os valores atuais e a identidade dos integrantes. Lembro-me de conversar com um empresário de uma escola de artes marciais que me explicou que as escolas de artes marciais geralmente fracassam porque os instrutores presumem que os integrantes valorizam a luta, a autodefesa e a disciplina. Mas a realidade é que muitos alunos de artes marciais simplesmente valorizam uma maneira divertida de manter a forma. Eles se identificam como atletas casuais, não como lutadores.

O outro perigo de não identificar claramente como os valores fundamentais de sua comunidade se traduzem na identidade dos integrantes é que *você pode esperar e pedir a eles que façam coisas que desconsiderem seus valores fundamentais.* Essa é uma maneira pela qual os esforços para formalizar uma comunidade podem destruí-la. Se os integrantes entenderem que os esforços para mudar ou desenvolver uma comunidade estão de acordo com seus valores e identidades, eles ficarão entusiasmados com a incorporação das novas estruturas. Mas, caso contrário, você corre o risco de alienar seus integrantes principais. Conheço um diretor de treinamento que pressionou os instrutores voluntários de liderança a comprimir horas de material em minutos. Ele valorizava a apresentação rápida de muito material. Os instrutores e alunos valorizavam muito mais o aprendizado interativo. Em poucos dias, todos os instrutores e participantes abandonaram o programa.

Comunidade de jogos do Kevin

A comunidade de jogos online do Kevin, sobre a qual falamos anteriormente, cresceu muito mais do que ele esperava. Ele achava que haveria centenas de pessoas que gostariam de participar, mas agora o número de membros ultrapassa os cem milhões. Ele agora se pergunta como a liderança pode investir no fortalecimento da comunidade sem destruir o que a torna excelente em sua forma atual. Não sei o que é melhor; não faço parte dessa comunidade. Sei que a comunidade apreciará investimentos que apoiem seus valores fundamentais.

Há muitas coisas que a comunidade pode valorizar, inclusive estas:

Desempenho

Aprimoramento das habilidades em jogos

Aprendizado sobre novas tecnologias

Influência no desenvolvimento de jogos

Provar quem é o melhor

Conexão

Conectar-se com outros jogadores

Criar amizades presenciais e online

Entretenimento

Encontrar entretenimento de baixo custo

Dignidade

Melhorar a percepção dos jogadores online

Ganhar legitimidade na comunidade esportiva mundial

A primeira coisa que Kevin deve fazer é ouvir os membros para saber mais sobre quais valores são importantes para eles. Essa comunidade em particular é antiga e grande o suficiente para que agora existam subcomunidades, e elas têm valores e identidades de membros ligeiramente diferentes.

Espero que você possa ver por que Kevin deve começar entendendo e articulando totalmente os valores fundamentais que pretende fortalecer. Se ele simplesmente mergulhar de cabeça, por exemplo, iniciando um programa para ajudar os jogadores a melhorar suas habilidades, isso pode ser um investimento desperdiçado ou até mesmo um desastre, se o valor central real da comunidade for conectar os jogadores entre si. Por outro lado, se ele investir em recursos sociais para melhorar a conexão, mas os integrantes estiverem lá para adquirir melhores habilidades com especialistas, os novos recursos poderão parecer bobos, distrativos e desalinhados com a identidade dos integrantes dentro da comunidade.

Para uma comunidade em expansão, é fundamental que os integrantes em potencial sejam bem-vindos para participar do comportamento da comunidade antes de adotar os valores do grupo e a identidade do integrante. Os visitantes podem ter interesse geral ou simplesmente preferir experimentar algo antes de se comprometer. A participação no comportamento da comunidade pode oferecer um catalisador para que, mais tarde, considerem ou amadureçam valores e identidade específicos. Por exemplo, a adoção do hábito de andar de bicicleta pode mudar os valores de uma pessoa sobre alimentação, alongamento ou atividades ao ar livre e levá-la a desenvolver uma nova identidade como alguém com um estilo de vida atlético. Já imaginou visitar um clube de ciclismo em que a primeira atividade exigida fosse professar um compromisso com cinco valores sobre o ciclismo que mudam o estilo de vida? Em muitas circunstâncias, os integrantes em potencial precisam de uma maneira de se comportar como os integrantes atuais (participar) antes de acreditar e valorizar as mesmas coisas (por mais triviais ou significativas que sejam). Reconhecendo isso, podemos encontrar maneiras de respeitar os valores de nossa comunidade e reconhecer que os recém-chegados geralmente precisam de tempo para desenvolver uma identidade de integrante.

Generosidade necessária

Em geral, há dois tipos opostos de formação de comunidade e liderança. O primeiro é o que discuto neste livro. Eu as chamo de *comunidades enriquecedoras*. Elas existem para reunir as pessoas de forma que, ao participarem, os integrantes se tornem mais fortes, mais saudáveis e mais enriquecidos. Minha opinião é que essas são as únicas comunidades que você procura para si mesmo.

O segundo é o que chamo de *comunidades extrativistas*. Essas são as comunidades em que os líderes são esmagadoramente ou totalmente motivados a obter coisas dos integrantes. Isso geralmente inclui atenção, trabalho ou dinheiro (geralmente os três). Você provavelmente já sabe em quantas dessas comunidades deseja passar seus fins de semana no próximo ano.

Essa é uma distinção importante porque *a generosidade é um ingrediente necessário* para enriquecer as comunidades. A generosidade é o que permite que os relacionamentos em uma comunidade transcendam a transação. A generosidade é a forma como reconhecemos a preocupação mútua compartilhada uns com os outros. Não calculamos o custo-benefício de cada conversa, favor ou pedido de ajuda noturno. Discutiremos a generosidade em mais detalhes na Parte 3.

Quando visito uma nova comunidade, procuro ver como e onde os integrantes demonstram generosidade. Isso é o que chamei de sinal de "corpo quente" anteriormente na seção sobre como os valores unem uma comunidade. Se não encontro generosidade, suspeito que os relacionamentos estejam sendo mantidos por acordos transacionais. Isso geralmente não é divertido e quase nunca proporciona as recompensas de uma comunidade real.

Comunidades e prescrições morais

Uma comunidade fornece prescrições morais sobre como os integrantes devem se comportar e tratar os outros. A comunidade pode não fornecer prescrições para todas as áreas da moralidade, mas o fará para as áreas que se relacionam com os valores centrais da comunidade. A moral pode não ser identificada, raramente discutida ou não reconhecida, mas você a verá claramente se fizer estas perguntas:

O que e quem nós protegemos?
O que é intolerável?
O que compartilhamos?
Com quem compartilhamos?
Quem respeitamos?
Como demonstramos respeito?

Quando você pensa em comunidades que se desintegraram ou sofreram erosão, pode pensar em atividades que traíram os valores e as prescrições morais da comunidade, independentemente de os valores ou as prescrições morais terem sido claramente articulados ou não. Por exemplo, as revelações de abuso infantil na Igreja Católica corroeram o respeito pela igreja não apenas porque as crianças foram abusadas, mas também porque os perpetradores foram aparentemente protegidos e a justiça para as vítimas foi negada. Isso se opõe aos valores declarados da igreja de servir a todos os seus membros e honrar a justiça.

Se o seu grupo faz alguma coisa em conjunto ou apoia os integrantes na participação em alguma atividade, é quase certo que a comunidade defenda determinadas prescrições morais. Por exemplo, mesmo em um grupo de ciclistas, há prescrições sobre como os ciclistas moralmente responsáveis (nós!) se comportam em contraste com os outros (eles!). O grau de restrição das prescrições depende da comunidade. Muitos líderes não reconhecem que suas comunidades oferecem prescrições morais. Isso parece muito restritivo. Mas até mesmo gangues criminosas violentas têm prescrições morais sobre comportamento que influenciam a forma como os integrantes honram uns aos outros, seus líderes e outras pessoas importantes para a comunidade. Um integrante que viola essas prescrições corre o risco de ser expulso da gangue, e talvez muito pior. Como líder, talvez você nunca precise escrever padrões para o comportamento da comunidade (prescrições morais). Mas pode chegar um momento em que elas precisem ser articuladas. Não tenha medo. Esses padrões são o que define comunidades fortes. Desde que as prescrições realmente reflitam os valores compartilhados de sua comunidade, os integrantes ficarão entusiasmados com elas. As comunidades fornecem prescrições morais coerentes com seus valores.

Comunidades e entendimentos internos

Um dos grandes prazeres de fazer parte de uma comunidade é que não precisamos nos explicar como fazemos para as pessoas de fora. Somos vistos e compreendidos, sem ter de explicar as partes que as pessoas de fora não reconhecem. Nós nos sentimos mais confortáveis e seguros dentro da comunidade por causa desse entendimento básico. No mundo externo, pode ser menos evidente que nós e nossos valores sejam compreendidos e aceitos. Não queremos ter que explicar termos ou recapitular a história e os fundamentos de nosso campo. Queremos nos reunir e compartilhar nossos valores e habilidades.

A parte importante da compreensão interna é a compreensão emocional ou "interna". Trata-se da compreensão de como as pessoas de dentro se sentem e dos valores que orientam as escolhas, independentemente de quão difícil, fácil, divertido, doloroso, assustador ou nobre pareça para quem está de fora. Por exemplo, nas comunidades dos Vigilantes do Peso, há confiança de que os integrantes entendem e valorizam a luta necessária para manter um peso corporal saudável. Os bombeiros entendem quais experiências são perigosas e por que são, de modo a compartilharem a realidade emocional de vivê-las. Eles também entendem o amor pelo trabalho que vem do fato de salvar pessoas em situações de risco de vida. Em comunidades onde pacientes com diagnósticos e desafios semelhantes se conectam, eles sentem um enorme alívio pelo fato de que todos na sala ou na conversa entendem os medos, os desafios, o desconforto e a alegria que acompanham sua própria jornada.

Meu exemplo favorito vem da minha amiga bombeira reformada Melissa, que me explicou que seus colegas têm um senso de humor negro que pode vir da exposição regular a desafios mortais. O humor é uma espécie de alívio para eles. Quando pessoas de fora estão presentes, até mesmo os cônjuges dos bombeiros, a conversa não é tão confortável e a linguagem não é tão livre. Ela sabe que, com os bombeiros, pode dizer coisas que seriam chocantes para pessoas de fora, mas respeitosas para os seus colegas que compartilham sua experiência.

Espero que estas últimas páginas tenham lhe dado uma ideia de como e por que as comunidades que você já valoriza permanecem unidas. Talvez você tenha visto algo novo que o ajude a articular algo que não foi dito anteriormente. Pode ser algo que sua comunidade já valoriza ou um entendimento que vocês compartilham. Ao dar um nome a isso, você pode ter clareza do motivo pelo qual estão juntos e entender quem está procurando por você para que possa desenvolver o que você começou. Seja o que for que você desenvolva, isso se apoiará nesse núcleo de identidade original.

Parte 2

Os Sete Princípios para o Pertencimento

Os Sete Princípios

A Parte 2 apresenta os sete princípios que qualquer líder tribal pode implementar em uma comunidade crescente ou emergente. É perceptível que as comunidades que você valoriza já utilizam alguns ou todos esses princípios, mesmo que você não tenha reconhecido isso antes. Alguns princípios podem parecer surpreendentes e desnecessários, mas, refletindo melhor, você provavelmente perceberá que eles já estão presentes, embora talvez de forma discreta, em suas comunidades. Os princípios fundamentais que exploraremos em detalhes são:

1. *Fronteira*: O limite entre os integrantes e os que não fazem parte.
2. *Iniciação*: As atividades que marcam um novo integrante.
3. *Ritual*: O que fazemos que é carregado de significado.
4. *Templo*: Um lugar reservado para encontrar nossa comunidade.
5. *História*: O que compartilhamos e que permite que os outros e nós conheçamos nossos valores.
6. *Símbolo*: O que representa ideias que são importantes para nós.
7. *Círculo interno*: Um caminho para o crescimento à medida que participamos.

Não é necessário aplicar todos esses princípios à sua comunidade e, certamente, não de forma imediata. Somente comunidades bastante maduras terão pensado e incluído todos eles. Eles são simplesmente apresentados como princípios a serem usados quando você quiser fortalecer o que já tem, em qualquer nível em que esteja hoje. Admiro organizações como os Vigilantes do Peso, CrossFit e Alcoólicos Anônimos, pois todas elas exemplificam muitos desses princípios. Elas mostram como empresas seculares, mesmo com fins lucrativos, podem reunir pessoas com valores semelhantes para servir de forma autêntica. Ao ler sobre os sete princípios, você verá como eles já foram empregados em suas comunidades favoritas e como você pode fortalecer a maneira como os utiliza. Em tese, encontrar formas de usar esses princípios deve ser divertido. Dependendo do que você já desenvolveu, pode ser que alguns integrantes de sua comunidade estejam esperando ansiosamente que você use esses princípios e você nem saiba disso.

2

O Princípio da Fronteira

Os integrantes querem saber quem faz parte da comunidade e se os outros compartilham seus valores. Os visitantes querem saber uma maneira segura de explorar sem se comprometer. Os novatos preferem saber em que momento entraram para a comunidade. Uma fronteira é a demarcação reconhecida entre os insiders (integrantes) e os outsiders (não integrantes). Essa fronteira deve servir mais para tornar o espaço interno seguro para os integrantes do que simplesmente manter os não integrantes fora. Onde há uma fronteira, os integrantes se sentem mais confiantes de que compartilham valores e que se entendem melhor do que os não integrantes.

Por exemplo, minha amiga Amanda pertence a um grupo de mães jovens com sede em sua cidade natal, Lowell, Massachusetts. Elas usam um fórum online para se comunicar nas redes sociais e realizam encontros informais quando se veem na cidade. Somente mães são permitidas. Amanda compartilhou o quanto isso é importante para ela, porque se sente julgada e repreendida por desconhecidos que comentam sobre suas escolhas como mãe. Ela acredita que apenas mães podem compreender e ter empatia pelos desafios que ela e suas colegas enfrentam com seus filhos pequenos. Isso significa que pediatras, terapeutas ou mesmo babás experientes não são bem-vindas, a menos que também sejam mães. Nessa comunidade, nem mesmo os pais se qualificam, porque não compartilham da experiência das mães. Amanda percebeu que mesmo as mães que tiveram seus filhos alguns anos antes tinham conhecimentos médicos, conselhos sobre criação de filhos e equipamentos diferentes quando seus filhos nasceram. Essa diferença cria uma espécie de separação empática. É importante para ela que, quando compartilha seus medos, desafios e fracassos, esteja a salvo de julgamentos desinformados, ultrapassados ou insensíveis. A fronteira é muito importante.

Nas ordens monásticas, as barreiras para cruzar a fronteira podem ser realmente altas. O processo geralmente inclui um período de iniciação com várias etapas (postulado, noviciado e juniorato). Durante esse tempo, os mais velhos avaliam se o noviço pode viver de acordo com os princípios, valores e disciplinas da ordem. Esse processo pode levar anos. Depois de cruzar a fronteira com sucesso, um integrante pode ser chamado de membro "consagrado para o sacerdócio" com direito a voto. Fronteiras como essa são encontradas em praticamente todas as tradições monásticas cristãs, incluindo a católica romana, protestante, anglicana, ortodoxa oriental e de rito oriental. Nas tradições xamânicas em todo o mundo, entrar no caminho sagrado do sacerdócio exige que os alunos estejam dispostos a perder tudo em suas vidas para se tornarem algo novo. Isso pode incluir relações familiares, funções profissionais e patrimônios. Para garantir que a comunidade seja acolhedora para seus novos membros, deve haver um caminho claro através da fronteira para pessoas de fora com valores compartilhados que desejam se juntar à comunidade.

Sem uma fronteira, você enfrentará um dilema do tipo tudo ou nada. Algumas comunidades querem ser abertas a todos e a qualquer pessoa. Isso surge de um instinto generoso: tornar uma comunidade aberta a todos parece acolhedor. A maioria dos líderes, mesmo que afirmem "acolher a todos", na verdade querem dizer algo um pouco mais restritivo. Se tudo no universo é bom (e nada é ruim), então as coisas boas nunca podem ser diferenciadas de qualquer outra coisa no universo. "Bom" então não identifica nada (em particular) porque todas as coisas são boas. Da mesma forma, se todos no mundo pertencem à sua comunidade, isso significa que sua comunidade não pode ser diferenciada de nenhuma comunidade.

Uma comunidade é definida por pelo menos um ou mais valores (talvez algo tão simples como valorizar o ciclismo ou morar no mesmo quarteirão). Esse valor pode ser frequentemente *reconhecido* por um interesse ou atividade. Por exemplo, meu amigo Bruce caminha por mais de uma hora todas as sextas-feiras à noite pelas ruas de East Oakland. Ele faz parte do Ceasefire Oakland. *Qualquer um pode participar.* Mas apenas certas pessoas se juntam a ele em bairros considerados perigosos. Esses membros são unidos pelo valor de mostrar à cidade que alguém se preocupa em criar paz por meio da presença não violenta.

Muitos líderes confundem a autosseleção (sem necessidade de convite) com a ideia de que "todos pertencem". Se alguém na história do mundo pode ou será excluído da sua comunidade, então há alguma diferença entre os potenciais integrantes e todos os outsiders. Não importa quão pequena seja a diferença ou quão ampla seja a acolhida, a distinção (valor compartilhado) é importante para identificar, para que os futuros integrantes possam reconhecê-la e entender que pertencem ao grupo. Se você pensar em comunidades muito fortes, do tipo que permanecem unidas mesmo diante da morte, do tipo que gastam seus últimos recursos para resgatar um integrante em apuros ou para viajar longas distâncias para apoiar alguém necessitado, sejam mosteiros, militares ou famílias, essas comunidades têm uma fronteira clara que as ajuda a reconhecer quem está dentro e quem está fora.

Você já pode ter uma fronteira e uma autoridade invisíveis. Muitas vezes, as comunidades pensam que não têm fronteiras ou guardiões, mas na verdade têm. Tanto a fronteira quanto os seus guardiões podem ser informais e não articulados. Ainda assim, a maioria dos integrantes sabe quem tem autoridade para rejeitar um membro em potencial ou até mesmo expulsar um membro existente se essa pessoa agir de forma inadequada ou não compartilhar os valores fundamentais da comunidade. Algumas comunidades negam a existência dessa fronteira ou autoridade. Mas, quando questionados, os membros muitas vezes se lembram de um caso em que alguém foi excluído (geralmente por um bom motivo), e fica claro como a exclusão foi aplicada.

Morando em Nova York há alguns anos, fui convidado a ajudar a desenvolver e formalizar uma comunidade interespiritual. O termo *interspiritual* refere-se a uma orientação em aprender com várias tradições espirituais diferentes para buscar a investigação da fé. Em uma reunião inicial que incluiu participantes de todo o país, alguns membros disseram que o grupo era para todos, independentemente de suas crenças, práticas, tradições ou qualquer outra coisa.

Embora eu tivesse certeza de que eles eram sinceros, suspeitei que isso não fosse totalmente verdade. À medida que aprendi mais sobre a história da comunidade, descobri que houve um momento em que um integrante defendeu o poliamor e a poligamia, o que era iconoclasta demais para a maioria do grupo. Muitos até temiam que todos fossem estigmatizados por causa da exuberância desse integrante. Após várias conversas, ele foi convidado a não participar e não está mais envolvido. Quando apontei que isso parecia um exemplo claro de que nem todos pertencem ao grupo, começou uma conversa sobre as fronteiras que já existiam. Não foi fácil, especialmente porque uma hora antes todos estavam convencidos de que tais fronteiras não existiam.

Uma zona de exploração é importante para os visitantes. É assim que protegemos os membros internos, ao mesmo tempo que damos aos externos a oportunidade de participar, aprender mais sobre a nossa comunidade e decidir se ela é adequada para eles. Podemos incentivar os exploradores compartilhando algumas atividades e áreas específicas, mas não todas. Essas são atividades do círculo externo. As áreas reservadas para integrantes (sejam formais ou informais) são o círculo interno. A grande maioria das atividades pode ser do círculo externo. Quanto maior o círculo externo, mais pessoas de fora podem avaliar uma comunidade antes de solicitar a adesão. É importante ter um círculo interno também, pois isso dá aos exploradores com valores compartilhados algo a que aspirar e proporciona aquele importante espaço seguro para seus integrantes.

Por exemplo, meu amigo Adam, chef executivo em São Francisco, me contou que sua comunidade de chefs de alto nível organiza jantares para amigos (eventos do círculo externo), mas nesses jantares a cozinha é acessível apenas aos chefs (círculo interno). Eles não querem passar a noite explicando o que estão fazendo ou treinando cozinheiros amadores. Os chefs têm o privilégio de usar a cozinha. Às vezes, os recém-chegados que parecem compartilhar seus valores também são convidados para outros jantares privados reservados aos chefs (círculo interno). Adam me contou que, se os recém-chegados contribuírem com um prato pouco criativo ou mal preparado, eles não serão convidados novamente. A comunidade só quer integrantes que sejam apaixonados por comida e que possam dedicar o tempo necessário para criar pratos excelentes.

Se você preferir receber visitantes em *todas* as atividades da comunidade, um círculo interno pode ser designado por privilégios nesses mesmos eventos. Isso significa que os integrantes têm permissão para fazer coisas que os visitantes não têm. Esses privilégios podem incluir o seguinte:

Fazer comentários de abertura
Convidar pessoas
Agendar eventos
Reservar espaços
Ensinar habilidades

A fronteira é mantida por uma autoridade formal ou informal. Pense nas comunidades que você valoriza. Mesmo que não haja uma estrutura de autoridade formal, provavelmente há uma pessoa ou grupo de pessoas que pode excluir alguém que consideram perigoso. É imperativo que a fronteira seja protegida de acordo com os *valores da comunidade*, em oposição a preferências pessoais, preocupações mesquinhas ou critérios caprichosos. A fronteira pode ser mal protegida de duas maneiras. Em primeiro lugar, ela pode ser excessivamente inclusiva, se pessoas com valores incompatíveis forem permitidas dentro dela. Nesse caso, os integrantes se sentirão inseguros. Será difícil ou impossível para eles compartilhar vulnerabilidades e conexões profundas quando os integrantes não confiam que todos os outros participantes da comunidade compartilham seus valores fundamentais. Em segundo lugar, ela pode ser excessivamente exclusiva, se participantes com valores compartilhados forem excluídos. Nesse caso, surgirão questões sobre quais são os verdadeiros valores da comunidade e, de maneira mais específica, onde realmente reside a autoridade.

Ao regular os limites, é importante reconhecer quais valores não declarados são realmente aplicados em contraste com aqueles que são declarados abertamente. Se a autoridade se afastar da inclusão baseada em valores em qualquer direção, pelo menos duas coisas podem destruir uma comunidade. Em primeiro lugar, os integrantes começarão a duvidar dos verdadeiros valores da comunidade, de modo que sua participação e sua filiação ficarão comprometidas. Em segundo lugar, os membros rejeitarão os valores da autoridade e, em seguida, a própria autoridade.

Devido a esses perigos, os valores explícitos e implícitos devem ser discutidos e priorizados. Você deve saber que uma análise bastante recente dos dados de admissão da Universidade de Harvard parece indicar que há um limite para o número de estudantes asiáticos admitidos a cada ano. O limite pode ser flagrante. De acordo com o *New York Times*: “Em 2008, mais da metade de todas as inscrições para Harvard com notas excepcionalmente altas no SAT eram de asiáticos, mas eles representavam apenas 17% da turma ingressante. Os asiáticos são o grupo racial que mais cresce nos Estados Unidos, mas sua proporção entre os alunos de graduação de Harvard permaneceu estável nas últimas duas décadas." Infelizmente, isso se assemelha às políticas de admissão abertamente racistas do início do século XX, que foram criadas para limitar o número de judeus em Harvard.[1]

O site de admissões de Harvard inclui a seguinte declaração: "Buscamos alunos promissores que contribuirão para a comunidade de Harvard durante seus anos de faculdade e para a sociedade ao longo de suas vidas."[2] Ele descreve um valor declarado de alunos que contribuirão. Infelizmente, os números de admissão indicam um valor adicional não declarado que limita o acesso de alunos asiáticos. Como Yascha Mounk, que leciona em Harvard, escreveu no *New York Times*: "O verdadeiro problema é que, em um sistema meritocrático, os brancos seriam uma minoria — e Harvard simplesmente não se sente confortável com isso."[3]

Embora eu não possa saber se Mounk está certo sobre o que deixa Harvard confortável ou o que distorce os números, você pode imaginar que o prestígio dessa comunidade poderia diminuir quando os limites são definidos por valores que são pouco atraentes ou totalmente desagradáveis. Quanto Harvard sofrerá se todos perceberem que as admissões de brancos têm sido protegidas mais do que as de qualquer outra raça por pelo menos cem anos? Alguns alunos que "contribuem" para a sociedade irão para outro lugar?

Se os integrantes confiarem que o limite é imposto de acordo com valores declarados de maneira explícita que eles adotam, eles apreciarão a imposição. Manter essa confiança requer manter o espaço seguro contra intrusos e acolher de todo o coração pessoas de fora que compartilham os mesmos valores. Lembra-se do grupo interespiritual que mencionei anteriormente? Quando soube que alguém havia sido convidado a sair, perguntei quem havia feito o pedido. Disseram-me que foram dois líderes que afirmavam não ser líderes. Um deles, Jim, é um budista formalmente treinado que pratica essa tradição há muitos anos. Ele insistiu que era apenas um facilitador. Mas, quando eu apontei que ele tinha autoridade para incentivar um integrante a sair, o grupo teve que reconsiderar se havia guardiões das fronteiras e que autoridade eles detinham. Eles entenderam que, se eu pedisse a alguém para sair do grupo, meu pedido não teria o peso da autoridade que o de Jim tinha.

Os valores da comunidade amadurecem à medida que os tempos e as pessoas mudam, assim como os valores de países e gerações inteiros. Por muito tempo, os clubes sociais nos Estados Unidos preferiram manter seus integrantes homens e todos brancos. No século XXI, qualquer clube social com tais valores é imediatamente suspeito de ser antiquado e preso ao passado, ou algo pior. A menos que queiram atrair apenas pessoas racistas e sexistas, esses clubes terão dificuldade em atrair novos membros.

Valores, limites e aplicação devem permanecer dinâmicos. É assim que uma comunidade amadurece. Se o amadurecimento parar, a comunidade gradualmente se tornará irrelevante. Você provavelmente pode pensar em comunidades que já foram importantes e agora são irrelevantes ou estão em declínio. Um amigo meu se juntou ao capítulo local de um grupo nacional de homens. Eles têm conhecimentos secretos para aprender, rituais secretos para completar e até mesmo lugares secretos para se reunir. Meu amigo gosta muito dos membros do grupo. Ele também sabe que muitos outros capítulos estão desesperados por membros. Eles aceitam qualquer pessoa só para não desaparecerem. Esse grupo masculino está se tornando irrelevante porque valoriza reuniões secretas só para homens em uma época e um lugar onde isso é muito menos valorizado do que outrora. Se o grupo não se adaptar aos nossos tempos de maior igualdade de gênero, pode perder toda a relevância.

Os guardiões são importantes para ajudar os visitantes a atravessar a fronteira. São eles que podem dar aos recém-chegados acesso à comunidade. Seja de forma oficial ou não, os guardiões avaliam se um recém-chegado interessado deve ser bem-vindo através da fronteira e na comunidade. Eles podem ser os mesmos ou diferentes daqueles que podem excluir.

Por exemplo, imagine um coral que tem uma comunidade forte (preocupação percebida com o bem-estar uns dos outros). Pode ser que qualquer pessoa do coral possa convidar pessoas para fazer um teste, apresentá-las aos líderes e incluí-las em eventos sociais (círculo externo), enquanto pode haver apenas um ou alguns membros internos que têm a autoridade (informal ou formal) para manter alguém afastado.

O guardião aqui é o maestro do coral, que decidirá se esse recém-chegado tem potencial para contribuir com uma voz forte e é bem-vindo aos ensaios e apresentações do círculo interno.

Em outras comunidades, pode haver muitos guardiões, mas, se os recém-chegados nunca encontrarem um, eles nunca poderão realmente cruzar a fronteira. É importante entender esse conceito porque *as comunidades em crescimento precisam dar aos recém-chegados acesso aos guardiões*. Se não houver guardiões, ficará pouco claro como os recém-chegados são avaliados, mesmo que a avaliação seja informal.

Um amigo que chamarei de Travis é pastor de uma grande igreja urbana que abraça a inclusão radical. Conversamos por horas sobre como a igreja pode crescer para servir a próxima geração. A igreja é tão famosa que pelo menos metade dos mais de dois mil frequentadores todos os domingos são visitantes e turistas. A igreja não tem problema em compartilhar o que é, o que valoriza e como os membros devem agir.

No entanto, tanto a liderança quanto eu sabemos que é difícil para os visitantes que querem ir além de apenas visitar se conectarem com a comunidade da igreja. Embora haja um cartão de membresia simples para preencher nos bancos da igreja, não está nada claro o que acontece depois. Conheço pessoas que se tornaram membros formais, mas não sabiam aonde ir ou com quem entrar em contato para fazer conexões pessoais. Elas se ofereceram como voluntárias no programa de refeições da igreja, mas descobriram que eram tratadas mais como mão de obra gratuita do que como pessoas que buscavam se conectar com outros membros da igreja. Elas deixaram as experiências de voluntariado sem que ninguém as acolhesse na comunidade da igreja ou demonstrasse qualquer interesse em conhecê-las melhor.

Imagine a taxa de desistência porque os visitantes não conseguiram encontrar uma maneira de entrar. Isso está acontecendo nas comunidades que estamos formando? A igreja do meu amigo precisa de guardiões formais ou informais que possam ser facilmente abordados. No momento, os visitantes precisam procurar os pastores para saber mais sobre a adesão — e há apenas três pastores. Guardiões treinados e entusiasmados poderiam ajudar a dar acesso aos recém-chegados, estendendo convites assim que os visitantes compartilhassem que queriam se envolver mais.

3

O Princípio da Iniciação

Todos nós queremos saber que somos verdadeiramente aceitos nas comunidades das quais fazemos parte. Uma iniciação é qualquer atividade que seja entendida como reconhecimento oficial e boas-vindas a uma comunidade. A iniciação ajuda os integrantes a entender claramente quem faz parte da comunidade. Ela marca a jornada completa que cruza a fronteira e leva para dentro do círculo interno.

Após a iniciação, os integrantes ganham novos privilégios e são valorizados por terem cruzado a fronteira. Eles não têm mais nada a provar. Sentem-se confiantes e bem-vindos em seu pertencimento. Na medida do possível, todos os nomes dos integrantes são conhecidos. Todas as principais religiões do mundo têm muitos tipos de iniciações que marcam a transição para a adesão plena. Isso inclui o reconhecimento como um membro adulto com todos os privilégios. Entre as iniciações comuns e antigas estão o batismo cristão, o bar mitzvah e o bat mitzvah judaicos, o *aksharabhyasam* hindu e as peregrinações xamânicas andinas às montanhas.

Proporcionando iniciações

As iniciações podem ter a forma que você quiser. Certamente elas não precisam ser elaboradas. Procissões, danças e salões iluminados por fogueiras podem ser divertidos, mas uma carta calorosa e pessoal ou um telefonema dando as boas-vindas a um novo integrante podem ser poderosos. Um tapinha nas costas com as palavras certas ou um jantar com um guardião da comunidade podem ser eventos profundos.

As iniciações precisam ser simplesmente ações que sejam imediatamente entendidas como reconhecimento e boas-vindas. Por exemplo, os voluntários do Corpo da Paz são empossados por um diplomata do Departamento de Estado após completar meses de treinamento. Cada um recebe um broche com o logotipo do Corpo da Paz. Os funcionários da *New Belgium Brewing Company* tornam-se acionistas da empresa em seu primeiro aniversário. Então fazem um discurso para todos os acionistas explicando o que significa para eles ser proprietários. Os participantes do festival *Burning Man* pela primeira vez são instruídos a sair de seus veículos, rolar na poeira do deserto três vezes e, em seguida, tocar um gongo ao cruzar pela primeira vez o local do *Burning Man*.

Uma iniciação é uma espécie de ritual, e os melhores rituais vêm acompanhados de símbolos e sinais. Desenvolver um ritual adequado para sua comunidade formal ou informal pode fazer uma grande diferença na forma como um novo integrante se sente acolhido. Se não houver uma iniciação clara para o círculo interno, duas coisas se tornam desnecessariamente difíceis. Em primeiro lugar, os recém-chegados não saberão como ou quando podem se tornar integrantes, pois não há um caminho evidente a seguir. Mesmo com uma iniciação simples, fica claro para todos que os indivíduos continuam sendo exploradores até que decidam cruzar a fronteira. Isso pode deixar os visitantes à vontade, pois eles sabem que estão participando sem qualquer exigência de adotar os valores e as crenças dos integrantes, se não estiverem prontos para dar esse passo. Em segundo lugar, sem uma iniciação, é difícil para todos os participantes entenderem claramente quem está dentro (e quem não está). Pode haver uma noção geral de quem são os integrantes principais, mas aqueles menos ativos ou novos podem questionar seu próprio status. Eles podem se perguntar quais privilégios têm e ficar ansiosos sobre o que exatamente constitui o status de integrante.

Iniciações acidentais podem substituir iniciações intencionais. Especialmente em comunidades informais, a maioria das pessoas busca confirmação de que são aceitas e valorizadas dentro da comunidade. Elas procurarão algo que possam interpretar como uma iniciação, caso nenhuma seja oferecida. Isso pode ser um elogio espontâneo de um líder, um convite para ensinar outros membros ou convites mais íntimos, fora das atividades do círculo externo, como uma festa privada, uma conversa íntima ou uma reunião não anunciada. Eventualmente, os integrantes considerarão alguma atividade como uma iniciação padrão — mesmo que não tenha sido essa a intenção.

Por exemplo, em uma comunidade formal como o ensino superior, quando os candidatos à faculdade recebem cartas das universidades anunciando sua admissão, a mensagem é mais do que apenas uma boa notícia: é uma iniciação. É uma recepção ao círculo interno. É um momento que muitas pessoas lembram por toda a vida. Essa carta, telefonema ou e-mail reconhece a transposição de uma fronteira. Os alunos sabem que são aceitos e valorizados. Abrir a carta ou atender a ligação pode ser um ritual. As universidades também oferecem uma cerimônia de boas-vindas, então há um ritual encenado para aqueles que não apenas foram admitidos, mas também aceitaram essas boas-vindas.

Depois, há a comunidade informal. Tenho um amigo, que chamarei de Scott, que é muito conhecido. Ele fez sucesso no mundo da música no início de sua carreira e agora mora em uma elegante casa em Manhattan. Muitas pessoas afirmam ser suas amigas, se gabam de conhecê-lo e tentam conseguir convites para os eventos exclusivos realizados em sua casa. Quando nos conhecemos, parecemos nos dar bem rapidamente e conversamos sobre ideias profundas e importantes, mas pude perceber que havia muitas pessoas tentando fazer parte do seu círculo interno. Muitas pessoas são convidadas para sua casa todas as semanas. Eu não sabia se nossa relação se tornaria mais profunda do que a das dezenas de pessoas que ficavam ao redor com taças de vinho enquanto riam de suas piadas.

Um dia, Scott me ligou tarde da noite porque havia terminado com a namorada. Embora estivéssemos separados por três fusos horários, ele compartilhou comigo seus medos mais profundos. Fiquei ao telefone por pelo menos duas horas ouvindo e discutindo quais poderiam ser seus próximos passos. Com aquele telefonema, eu soube que realmente estávamos em um círculo interno de amizade. Foi minha iniciação ao círculo interno dele. Imagine se, em vez disso, uma noite Scott tivesse me abraçado e dito: "Agradeço por você ser um dos meus amigos mais próximos. Sei que você não está tentando entrar no mundo do show business. Sei que você não está me pedindo para investir em uma empresa e sei que é sempre honesto comigo, mesmo quando discordamos. Você é diferente de 90% das pessoas que me visitam. Isso significa muito para mim. Obrigado." Isso também teria sido uma iniciação.

A crise de pertencimento

Há um fenômeno comum em muitos grupos, especialmente aqueles altamente seletivos e de elite, em que muitos membros se convencem de que não pertencem ao grupo. Isso pode ser verdade mesmo quando cada membro foi convidado para entrar em uma comunidade exclusiva. Quando passamos por isso, podemos nos preocupar que nossa admissão tenha sido um acidente e, além disso, que a qualquer momento alguém possa perceber isso e nos rejeitar como impostores. Você já deve ter ouvido falar desse fenômeno chamado de síndrome do impostor.

A tragédia é que, mesmo quando muitos membros sentem essa preocupação, continuamos nossas vidas como se esse medo não existisse. Nossa comunidade se torna uma multidão de indivíduos, cada um solitário e convencido de que não pertence à multidão. Esta é uma crise de pertencimento.

Na Introdução, compartilhei com vocês minha descoberta de que essa crise era comum entre meus colegas em Yale. Todos nós dedicamos inúmeras horas para conquistar nossos lugares naquelas salas de aula, mas muitos de nós temíamos que algum dia alguém nos parasse no corredor e nos pedisse para sair. Naquele momento, eles revelariam que éramos os impostores que acreditávamos ser. Felizmente, há uma maneira fácil de superar esse medo. Quando nos sentimos presos por uma crise de pertencimento ou percebemos que outras pessoas estão nessa crise, a solução é simples: fazer convites. *Os convites resolvem a crise de pertencimento* e, como solução, são tão simples e eficazes que seu poder parece quase inacreditável.

Os convites podem ser para encontros sociais, eventos exclusivos ou encontros individuais. Quando nós, como líderes, fazemos convites, duas coisas acontecem que quebram a crise de pertencimento.

Em primeiro lugar, quando fazemos convites, *nos estabelecemos como tendo o poder de convidar*, independentemente da função ou do cargo formal que possamos ter. Para aqueles que estão sentindo uma crise de pertencimento, receber um convite de qualquer pessoa indica que quem convidou está firmemente inserido no grupo e, portanto, tem o poder de convidar outras pessoas. Isso pode parecer bobagem, mas é assim que o mundo funciona. Portanto, quando nós mesmos sentimos uma crise de pertencimento, convidar outras pessoas para se conectarem conosco nos permite nos estabelecer mais firmemente na comunidade. Um convite para almoçar, uma caminhada no parque ou um café quente podem fazer uma enorme diferença.

Acredito firmemente que convidar qualquer pessoa que queremos conhecer melhor para participar de qualquer coisa que gostamos de fazer é importante. Muitas vezes, tornamos os convites mais desafiadores do que precisam ser. Tememos que os outros nos rejeitem ou simplesmente desconsiderem nossa autoridade.

Em segundo lugar, quando aqueles que estão presos em uma crise de pertencimento recebem um convite de qualquer integrante ou líder da comunidade, *o convite em si se torna uma prova de seu pertencimento.* Sua preocupação de que, de alguma forma, eles eram "realmente" estranhos se passando por integrantes é desafiada; nosso convite fornece a prova necessária de que eles são de fato integrantes.

Essa prova é tão forte que *nem importa se os outros aceitam nossos convites.* O simples fato de fazer convites pode resolver a crise deles. Na Introdução, também compartilhei a história de como a vida do meu amigo Melo mudou por causa dos simples convites para jantar que eu fiz a ele. Melo se juntou a nós apenas algumas vezes ao longo de três anos. Não importa: cada convite que fiz demonstrou que eu tinha o poder de convidar e que os outros pertenciam ao grupo. Os convites genuínos, não apenas as refeições em si, fizeram a diferença. A história me lembra de que nunca sei totalmente o poder dos meus convites, mesmo aqueles que não recebem resposta. Simplesmente os faço porque eles podem transformar vidas — e transformam.

4

O Princípio do Ritual

Um ritual é qualquer prática que marque um momento ou evento como especial ou importante. As ações são imbuídas de significado. Elas conectam o presente com coisas do passado e nossa esperança para o futuro. O psicólogo Roy Baumeister realizou uma pesquisa com 400 pessoas para distinguir felicidade e significado. Suas descobertas indicam que "significado" envolve a compreensão de nossa própria vida além do tempo e do lugar atuais. Ela surge quando refletimos sobre o que aconteceu antes e como estamos conectados ao futuro. O significado surge quando integramos o agora com o futuro e o passado. Nossa saúde, riqueza e relacionamentos mudam. O significado cria uma sensação de estabilidade em meio às mudanças. Os rituais são uma ferramenta para trazer significado para nossas vidas.[1]

Qualquer pessoa que tenha passado algum tempo inserida em tradições religiosas percebeu que há rituais para praticamente todos os estágios da vida, incluindo momentos de felicidade, tristeza e esperança. Casamentos, mortes e até mesmo danças são todos ritualizados. Um de meus rituais favoritos é a dança giratória sufi turca. Ela é executada em uma espécie de concerto sagrado para atingir um estado de transe. De uma maneira totalmente diferente, admiro as reuniões dos Quakers (Sociedade de Amigos), que começam silenciosas e podem permanecer totalmente assim, pois todos os presentes se abrem para o divino.

Comunidades fortes criam rituais formais e informais que unem os membros em valores, empatia e experiência compartilhada. Existem tantos tipos de rituais quanto você pode imaginar. Eles geralmente dependem de símbolos especiais e são importantes do ponto de vista emocional. Lembre-se: sentir-se conectado, confiável, apreciado e bem-vindo está no reino das emoções.

Acredito que, por vivermos em uma época muito mais informal do que as gerações anteriores, os rituais que mantemos são ainda mais especiais porque não recorremos aos rituais institucionais das gerações anteriores. Em nossa vida norte-americana, soprar velas de aniversário, assar um peru no Dia de Ação de Graças e enviar flores e cartões no Dia das Mães são rituais com os quais estamos tão familiarizados que talvez nem os reconheçamos como tais. Uma maneira de reconhecer um ritual é perguntar se a remoção da atividade faria com que o momento parecesse menos importante. Pense em como você, seus amigos e familiares comemoram aniversários. Quais atividades indicam que os aniversários são mais importantes do que outros dias? Quais atividades tornam esses dias "especiais" para você?

Os rituais geralmente têm formas (padrões) que os participantes reconhecem. Aprendemos essas formas depois de participar delas. Por exemplo, para aniversários nos Estados Unidos, esperamos um ritual de festa de aniversário mais ou menos assim:

> Amigos e familiares são convidados para um local e informados de que haverá uma comemoração de aniversário.
>
> Alguém prepara ou compra um bolo para a comemoração.
>
> Alguém acende as velas no bolo que, de alguma forma, representam os anos vividos.
>
> Após uma refeição e um momento social não estruturado, os convidados cantam para o aniversariante.
>
> O aniversariante apaga as velas o mais rápido que pode.
>
> Os convidados aplaudem.
>
> Bolo e sorvete são servidos.
>
> Os presentes são abertos.
>
> Abraços são compartilhados com o aniversariante.

Um jantar semanal, mensal ou anual com amigos pode se tornar um ritual se a reunião se tornar especial para você. (Para fins de simplicidade e brevidade, estou confundindo ritual, hábito e tradição nesta discussão. Quando você se aprofundar na compreensão e no uso de rituais, aprenderá que há diferenças entre os termos. Isso pode ajudar a identificar o que uma comunidade está fazendo com significado e o que está faltando para fazer a diferença). Você pode até ter uma reunião de amigos que nunca considerou um ritual, mas que é um momento especial, até mesmo sagrado. Você ficará animado com a expectativa, organizará sua agenda para estar disponível e chegará preparado de qualquer maneira que seja importante.

Meu palpite é que já existem rituais em sua vida que você nem percebeu. Isso acontece o tempo todo. A simples repetição pode fazer com que eles passem despercebidos (embora a repetição não seja necessariamente um ritual). Por exemplo, um jantar mensal pode não começar como um ritual, mas depois de cinco meses seguidos, quando uma amiga diz que não poderá ir na próxima vez, você pode ficar mais desapontado do que esperava — porque criou um ritual sem perceber. Ele se transformou em algo mais do que simplesmente compartilhar uma refeição com um amigo.

Ou sua avó prepara uma salada para o jantar de Ação de Graças há anos (muitos anos, se ela for como a minha), mas um ano ela faz outra coisa inspirada em uma receita do *New York Times*, e os convidados ficam chateados. Não porque a nova receita seja pior do que a salada, mas porque o ritual mudou. Havia uma familiaridade e um significado em compartilhar a salada da família uma vez por ano, de modo que a tradição ganhou significado. Mudanças simples, inesperadas e inomináveis em rituais ou tradições são a causa de muitas brigas desagradáveis durante as festas de fim de ano. Os rituais podem significar muito mais para nós do que reconhecemos explicitamente.

A intensidade do ritual (o quanto ele nos afeta) pode ser aumentada se optarmos por incluir atividades que tenham um significado claramente relevante para nós. Por exemplo, imagine se, nos aniversários de sua família, o elemento de soprar velas fosse alterado de modo que incluísse todos os membros da família trazendo uma vela, acendendo-a por ordem de nascimento e compartilhando em voz alta uma coisa que eles apreciaram por tê-lo na família no último ano, e então você compartilhasse o que apreciou em cada membro da família antes de soprar todas as velas. Sua comemoração de aniversário não seria diferente, mais especial? Será que valores diferentes não teriam sido inseridos no ritual?

Há muitas maneiras de fazer com que até mesmo um ritual simples, como dar um broche, seja mais especial. A seguir, alguns exemplos:

Comece com silêncio.

Diga em voz alta por que todos se reuniram.

Use um lugar especial.

Faça contato (colocar a mão no ombro, dar as mãos, abraçar etc.).

Coloque o broche.

Diga em voz alta o que mudou agora.

O ritual de silêncio pode ser muito poderoso. O simples fato de manterem silêncio juntos pode ser uma parte poderosa ou um ritual completo. Isso pode significar que o relacionamento é tão próximo que nem tudo precisa ser dito em voz alta e nem todos os momentos precisam ser divertidos. Em um mundo em que cada segundo é preenchido com conversas, músicas ou alertas, criar um espaço para o silêncio pode ser o momento mais poderoso possível para estarem juntos. Em minha experiência, quase todas as comunidades apreciam um ritual de silêncio quando há uma perda dolorosa. Quando eu fui capelão em um centro de trauma e atendia famílias nas piores horas de suas vidas, vi como era importante para elas ter alguém sentado com elas em silêncio, ou até mesmo alguém que protegesse o silêncio, para que não sentissem a necessidade de dizer nada. O silêncio em conjunto pode ser o momento *mais* poderoso.

Os *ritos de passagem* são importantes (e não são suficientemente comuns). Eles são os rituais mais comuns observados nas comunidades. Nesses rituais, a comunidade reconhece que alguém está passando de um status para outro. Ou, dito de outra forma, o ritual reconhece e homenageia o amadurecimento de uma pessoa. Esse amadurecimento pode ser de uma idade para outra (um aniversário), de aluno para ex-aluno (formatura) ou de seguidor para líder (promoção ou posse). A iniciação à afiliação é um rito de passagem de um membro externo para um interno.

As comemorações geralmente estão ligadas a esses ritos. A importância dos ritos de passagem e de comemorações semelhantes não pode ser exagerada. Eles nos ajudam a nos sentir orgulhosos, dignos e completos ao fazermos transições importantes. Quer estejamos recebendo reconhecimento por nós mesmos ou oferecendo reconhecimento a outra pessoa nesses rituais, nos sentimos valorizados e conectados. Minha amiga Rose-Anne me contou o quanto foi significativo para ela quando seu empregador criou uma cerimônia para reconhecer os funcionários que permaneceram na empresa por determinados marcos. Ela me disse que a empresa reunia os funcionários e dava presentes de acordo com o número de anos dedicados à empresa. Até hoje ela guarda com carinho os castiçais que lhe foram dados naquele ritual em homenagem aos seus cinco anos de serviço. Ela também ficou admirada com a pessoa homenageada naquele dia por trinta e cinco anos de serviço.

Esses ritos são tão importantes que alguns confundem o ritual (que é um reconhecimento) com o amadurecimento ou a conquista genuína de uma pessoa. Por exemplo, no primeiro juramento de posse do presidente Barack Obama, algumas palavras foram citadas incorretamente. A lei deixava claro que, mesmo assim, ele era oficialmente presidente. Mas, como houve um número suficiente de pessoas preocupadas com as formalidades rituais, o juramento foi realizado novamente no Salão Oval para satisfazer qualquer preocupação persistente. É importante respeitar o poder que os outros atribuem aos rituais. É um poder que está esperando por nós para ser usado ao reunirmos pessoas.

Os rituais de exposição da comunidade revelam a comunidade para si mesma. Deve haver demonstrações coletivas de participação e afiliação à comunidade. Isso significa que deve haver algumas atividades em que os integrantes possam ver outros participando também. A escala e a força da comunidade serão, pelo menos parcialmente, reveladas aqui. Esses rituais podem incluir qualquer coisa, desde cerimônias formais de vestimenta até serviço comunitário cooperativo, competições organizadas ou qualquer outra coisa que demonstre a participação coletiva. Uma comunidade em que todos participam individualmente e de forma invisível não terá uma coesão mais profunda.

Os rituais de celebração são muito importantes. As comunidades precisam ter a oportunidade de celebrar em conjunto. Meu ritual celebrativo favorito é compartilhar uma refeição. Quando as refeições são ritualizadas, elas se tornam um banquete. Praticamente todas as comunidades celebram juntas de alguma forma. Nos Estados Unidos, o Dia de Ação de Graças se tornou o ritual de celebração mais importante para muitas famílias e amigos. Ser o anfitrião do banquete tornou-se um rito de passagem para muitos jovens membros da família e novos norte-americanos. Todas as comunidades que eu já ouvi falar ou visitei, e que se mantiveram unidas por mais de uma geração, celebram juntas. Todas elas.

Praticar esportes e cantar também são rituais comuns. Visitei um grupo de corredores da Hash House Harriers em Chicago. Os corredores Hash fazem parte de um grupo internacional que pratica um tipo de jogo de corrida. No jogo, um grupo de corredores segue uma trilha traçada anteriormente por um membro, que inclui becos sem saída, retornos duplos e desvios. Os corredores enfatizam a socialização muito mais do que o condicionamento físico. Depois da corrida de sábado, nos sentamos ao lado de um lago para saborear um churrasco. Enquanto relaxávamos, alguns membros do Hash começaram a cantar músicas cômicas. Da melhor maneira possível, eles estavam demonstrando um ritual comunitário de celebração e, é claro, seu conhecimento interno. Eles se divertiram muito e eu me senti privilegiado por ser seu convidado.

Ineficiência

É importante lembrar que as atividades rituais não precisam parecer (ou ser de fato) projetadas para serem práticas, eficientes ou até mesmo sensatas. O planejador de rituais Ezra Bookman me ensinou que a ineficiência e a falta de praticidade das atividades rituais tornam as experiências mais especiais. Os rituais nos fazem desacelerar, e isso faz parte de seu valor. Quando desaceleramos, percebemos coisas — por exemplo, nosso relacionamento com os outros, como estamos mudando ou a importância do momento para nós. A ineficiência do ritual distingue os rituais daquilo que fazemos para "fazer as coisas" ou "obter um resultado certo". Os casais podem se casar sem olhar nos olhos um do outro ou contar os momentos de seu namoro. Sobreviventes de câncer podem sair de um hospital sem os aplausos de amigos e cuidadores ou o toque de um sino comemorativo. Os formandos podem obter um diploma sem vestir as vestes e atravessar um gramado. E cada uma dessas ações obviamente ineficientes leva inúmeras pessoas às lágrimas.

Permitir que nossas atividades rituais permaneçam ineficientes e, em seguida, permitir que sejamos pacientes com essas atividades pode nos ajudar a reconhecer e estar com *o significado e as emoções* importantes para o ritual. Se alguém me apressar durante a procissão do casamento do meu filho, reconhecerei que não tem a menor ideia do que torna uma cerimônia especial.

É claro que também devemos reconhecer que o valor das atividades rituais ineficientes (plantar uma árvore, lavar os pés, refletir) tem seus limites. Certamente, em toda comunidade há um limite para a lentidão ou a repetição das ações antes que o tédio se instale. Esse limite será diferente de comunidade para comunidade. Encontrar o equilíbrio entre desacelerar nossos rituais e mantê-los envolventes para os participantes faz parte da diversão do planejamento.

Um formulário inicial para o ritual

Não passa pela cabeça de muitas pessoas criar novos rituais que ainda não façam parte das tradições do grupo. Mas, mesmo que um ritual ainda não esteja impregnado de tradição, ele pode ser profundamente significativo. Na verdade, ele pode ser *mais* significativo porque reflete sua época. Para cada ritual que você aprecia, houve alguém que o criou e depois pessoas que o desenvolveram ao longo do tempo. Você pode fazer parte da tradição de criação de rituais. Então, como você pode criar um ritual para sua comunidade que seja importante?

Criei muitos rituais ao longo dos anos e ainda me surpreendo com a importância e o poder que eles têm, tanto para meus amigos quanto para mim. Eles podem durar minutos entre duas pessoas (como ajoelhar-se para pedir alguém em casamento) ou semanas entre milhares de visitantes (como nas Olimpíadas). Podem incluir canto, fala, reverência ou apenas silêncio. Aprendi com o estudo de rituais a incluir alguns elementos fundamentais para tornar a experiência mais profunda e gratificante. Criei uma lista de elementos que chamo de *formulário inicial* para ajudar aqueles que querem fazer experiências com rituais. Considere a sequência como uma ferramenta para ajudar a receber as pessoas para uma atividade significativa e, depois do ritual, despedir a todos para voltarmos à vida normal. Esse formulário pode ser usado para eventos de vários dias (como muitos casamentos) ou até mesmo para um ritual de iniciação de quinze minutos. Não é importante a duração de cada elemento, apenas que cada parte seja realmente significativa para você e sua comunidade. Apresento o formulário aqui apenas como inspiração: crie rituais que funcionem para você e que o façam se sentir completo e vinculado.

Elementos do formulário inicial

Abertura
Dar boas-vindas
Declarar a intenção
Fazer referência a uma tradição
Explicar eventos e instruções

Rito
Compartilhar um ensinamento
Convidar à participação

Encerramento
Reconhecer
Despedir

Abertura

Dar boas-vindas. As boas-vindas marcam ou "pontuam" o início do tempo do ritual, diferentemente do tempo da reunião ou do tempo não ritualizado. Isso permite que as pessoas que se reuniram saibam que as próximas atividades são especiais (sagradas). Às vezes são chamadas de "coleta" porque reúnem as pessoas e definem o tema da reunião. Essa coleta pode dar início a uma refeição ou a um evento esportivo. Nas boas-vindas, todos os que estão reunidos são chamados a concentrar sua atenção em uma pessoa. Essa pessoa dá boas-vindas especiais a todos que vieram. Isso pode incluir o reconhecimento da distância percorrida pelos participantes, do que eles abriram mão e da importância de sua presença.

> Sejam bem-vindos ao primeiro jantar da série "Companheiros e famílias internacionais". Reconheço e agradeço por terem vindo de carro até aqui, por terem confiado nos amigos que lhes disseram que valeria a pena e por terem escolhido passar a noite conosco em vez de tantas opções disponíveis em uma noite como essa. Isso só se torna divertido porque você se junta a nós, compartilha sua companhia e participa plenamente. Obrigado por tornar isso possível.
>
> Bem-vindos à festa de aniversário do James. Sei que alguns de vocês saíram do trabalho, reorganizaram seus horários, dirigiram por mais de uma hora e trouxeram crianças e brinquedos para se juntarem a nós. É muito importante que vocês tenham feito isso. Sem vocês, isso seria apenas uma sala com comida e bolo. Vocês tornam isso especial. Vocês são especiais.
>
> Bem-vindos aos Jogos de Oakland. Temos aqui atletas que treinaram por mais de um ano, buscaram patrocinadores e investiram muito de seu próprio dinheiro para participar desta semana. Te-

> mos aqui membros da família que voaram milhares de quilômetros para apoiar, acompanhar e torcer por vocês. E temos voluntários aqui que dedicaram centenas de horas para garantir que este seja um momento especial e importante. Agradeço a todos vocês por fazerem isso acontecer e compartilharem esse momento e seu empenho. Todos vocês são bem-vindos a esta comunidade ao iniciarmos a aventura desta semana.

Declarar a intenção. A intenção da reunião é declarada explicitamente. Isso pode incluir uma única intenção ou várias.

> Estamos aqui para conceder diplomas aos nossos mais novos formandos, que concluíram todos os cursos e requisitos da universidade. Nós os homenageamos hoje para que saibam que farão parte desta instituição para sempre e que serão embaixadores dela onde quer que estejam.
>
> Estamos reunidos em nosso banquete anual de Ação de Graças da família Alejandro. Estamos aqui para comemorar o feriado, agradecer por nossa prosperidade e passar um tempo juntos. Nossas amizades são, de longe, a parte mais importante da noite: estamos aqui para compartilhar e fortalecer nossas amizades muito mais do que qualquer outra coisa hoje.
>
> Os melhores atletas de inverno do mundo estão se reunindo nas Vilas Olímpicas... Com os Jogos Olímpicos, queremos mostrar ao país anfitrião e ao mundo que essa sociedade pacífica é possível, que a competição entre as pessoas pode acontecer em harmonia e com respeito à dignidade de todos... Nelson Mandela disse de forma bem simples: "O esporte pode mudar o mundo." E, de fato, contribuímos para uma sociedade melhor. Contribuímos para a paz... Queremos provar que o respeito às regras, o respeito ao seu competidor e o diálogo respeitoso podem transcender todas as diferenças.[2]

Fazer referência a uma tradição. Este é o momento de informar a todos que a atividade em questão faz parte de uma tradição ou, pelo menos, é baseada em uma tradição. Isso nos lembra de que fazemos parte de uma comunidade que veio antes de nós e que provavelmente continuará depois de nós.

Se nenhuma dessas coisas for verdade, então você pode declarar que está iniciando uma nova tradição. Você sempre pode dizer que pessoa, filosofia ou experiência inspirou a atividade em questão.

> James e Rena estão se casando aqui como a quarta geração da família de James a se casar em Honolulu desde que seu bisavô imigrou para esta ilha. Rena é a quarta de sua família a criar sua própria família nos Estados Unidos desde que ela e seus pais emigraram do Camboja.
>
> O jantar desta noite acontece no quarto ano desta série. Ela começou há três anos e meio aqui no Brooklyn. Dezenas de pessoas se ofereceram como voluntárias. Centenas participaram. A série foi inspirada na sabedoria do escritor e teólogo inglês C. S. Lewis, que na década de 1940 alertou sobre a sedução do círculo interno, nosso próprio desejo de estar em um grupo mais legal do que o nosso. Ele disse que uma maneira de escapar disso é convidar regularmente outras pessoas para fazer algo de que gostamos e criar amizade. É isso que continuaremos a fazer hoje à noite.
>
> Em apenas alguns instantes, os Jogos Olímpicos retornarão oficialmente a Londres pela terceira vez... Obrigado, Londres, por receber o mundo nesta cidade diversa, vibrante e cosmopolita mais uma vez... Pela primeira vez na história dos Jogos Olímpicos, todas as equipes participantes terão atletas do sexo feminino. Esse é um grande impulso para a igualdade de gênero. De certa forma, os Jogos Olímpicos estão voltando para casa esta noite. Esse grande país, amante dos esportes, é amplamente reconhecido como o berço do esporte moderno. Foi aqui que os conceitos de espírito esportivo e *fair play* foram codificados pela primeira vez em regras e regulamentos claros.[3]

Explicar eventos e instruções. É aqui que os participantes ficam sabendo o que acontecerá no ritual. Não importa se o tempo alocado para o ritual é de quinze minutos, duas horas ou uma semana. A explicação orienta os participantes que talvez não estejam familiarizados, estejam confusos ou até mesmo assustados. Eles se sentirão mais à vontade e podem até ficar animados quando souberem que existe um plano. Se houver regras, esse é o momento apropriado para compartilhá-las (por exemplo, haverá silêncio, não será permitido o uso de aparelhos eletrônicos ou os membros mais novos se sentarão primeiro). Se o seu ritual tiver apenas um "evento" (como colocar um broche em uma camisa), você pode explicar isso. Se você quiser que um elemento continue sendo uma surpresa, uma opção é dizer aos participantes que haverá uma surpresa. Eles podem apreciar a antecipação.

> Explicarei como será o banquete de Ação de Graças desta noite. Explicarei o cardápio para que aqueles que têm restrições alimentares saibam o que é apropriado para consumo.
>
> Quando eu terminar, a Anne fará uma oração. Em seguida, o bufê será aberto. Os netos serão os primeiros a fazer os pratos para os avós e a levá-los até as mesas. Depois, por favor, sirvam-se à vontade.
>
> Na outra sala, cada um de vocês encontrará uma cadeira com seu nome em um cartão. Em suas mesas, vocês são incentivados a ouvir o que há de abundante na vida dos convidados ao seu redor. Essa é apenas uma sugestão.
>
> Após o prato principal, vocês são incentivados a ajudar a guardar as sobras e a lavar os pratos.
>
> Quando isso for concluído, serviremos a torta, o sorvete e o café. Quando a sobremesa for servida, James e Bill tocarão algumas músicas no corredor. Todos são bem-vindos para participar ou ouvir.
>
> Depois da sobremesa, todos são incentivados a ajudar a limpar a cozinha.
>
> Você pode ficar o tempo que quiser. Teremos muito espaço para você se acomodar!
>
> Para a bênção de aniversário desta noite, faremos uma leitura de Thomas Merton e de outros ativistas sociais religiosos históricos.
>
> Em seguida, serão lidas cartas de amigos que não puderam estar aqui. Stephanie lerá a primeira e, em seguida, daremos a volta no círculo para que cada pessoa leia uma carta até que todas tenham sido lidas.
>
> Em seguida, faremos um plantio de sementes para nos lembrar de que nossas ações crescem depois que nos afastamos e de maneiras

que nem sempre podemos prever. Cada um de vocês é bem-vindo para plantar sementes nesse momento.

Por fim, todos nós nos reuniremos em torno de Naomi e colocaremos a mão sobre ela. Se você não puder alcançá-la, toque em alguém à sua frente. O líder conduzirá a oração.

Em seguida, haverá algo que estamos guardando como surpresa. Depois disso, iremos todos para a outra sala a fim de compartilharmos juntos nossa refeição comemorativa.

O evento desta noite fará a transição do foco da semana de treinamento para o seu trabalho futuro. Todos os participantes permanecerão em silêncio em seus assentos.

Lerei uma passagem de Daniel Berrigan sobre o compromisso com a mudança. Em seguida, mantendo nosso próprio silêncio, Laura chamará seus nomes.

Quando ouvirem seu nome, aproximem-se dela. Ela lhe entregará um envelope que contém um presente só para você.

Você manterá silêncio e levará seu presente para a propriedade a pelo menos cem metros deste edifício. Você encontrará um local privado e silencioso e só então abrirá seu presente.

Você não falará com os outros participantes nem interromperá a privacidade deles até, pelo menos, as 22h.

Se alguém desejar manter sua privacidade por mais tempo, por favor, respeite essa preferência.

Agora temos cinco minutos para perguntas e depois começaremos.

Rito

Compartilhar um ensinamento. Leia em voz alta, faça uma citação de memória ou mencione o ensinamento de alguém importante para sua comunidade ou para este evento. Isso pode incluir uma simples frase ou muito mais. A referência diz aos participantes que a comunidade valoriza a sabedoria que enriquece nossas vidas e que está fazendo algo mais do que inventar coisas bobas para fazer. Os exemplos a seguir são bem curtos. Você pode escolher algo mais substancial. Incluir sabedoria que seja mais sutil, poética e familiar para você pode ser muito melhor do que meus exemplos.

Me recordo da sabedoria de Thomas Merton, que escreveu: "No final, é a realidade dos relacionamentos pessoais que salva tudo." Vocês são meus amigos, meus relacionamentos mais importantes. Vocês me salvam de tudo. Sou muito grato.

Este é um momento difícil. Em momentos como esse, lembro-me das palavras do padre ativista Daniel Berrigan: "Saiba onde você está e permaneça lá." Hoje estamos aqui juntos. Vocês têm meu respeito e honra.

Ao começarmos, lembro-me da sabedoria de Bill Golderer, que criou um programa de alimentação radical na Filadélfia: "Seja corajoso em seus convites." Tenho muito orgulho de ser corajoso aqui com vocês ao fazermos isso juntos.

Convidar à participação. Os rituais são muito mais divertidos quando todos são convidados a participar em vez de simplesmente assistir. Gosto de me certificar de que todos sejam convidados a fazer algo. Isso é diferente de coagir alguém a participar. Às vezes, é uma experiência enriquecedora simplesmente estar presente enquanto outros participam mais ativamente. Aqueles que optam por participar menos ativamente podem simplesmente preferir uma participação mais contemplativa. Você pode convidar os participantes a fazer qualquer atividade que seja adequada ao espaço e à intenção. Essa é a parte que muitos rituais deixam de lado e que os torna enfadonhos.

O ideal é que a atividade se conecte e acrescente ao simbolismo do ritual. Isso significa que deve haver um significado para a atividade, de modo que o significado não deve ser muito literal. A atividade existirá como um símbolo e exigirá interpretação. Não há problema algum se diferentes participantes forem convidados a fazer coisas diferentes. Por exemplo, os participantes podem ser convidados a fazer uma ou mais das seguintes coisas:

Apresentar algo
Compartilhar palavras ou algo feito à mão
Plantar uma semente
Lavar algo
Distribuir algo

Ler algo em voz alta

Exibir algo

Revelar algo no ambiente

Escrever algo

Desenhar algo

Decorar algo

Comer juntos

Oferecer um gesto aos outros participantes, como um abraço, uma reverência ou um toque de mão no ombro

Encerramento

Reconhecer. O reconhecimento declara o que foi concluído ou alterado após o ritual. Isso dá uma sensação de realização ao ritual, por mais simples que seja. O reconhecimento pode ser breve, como uma frase, ou muito mais longo.

> Agora eu os declaro marido e mulher.
>
> Seja bem-vindo. Você é agora o nosso mais novo membro.
>
> Mais uma vez, passamos um tempo construindo amizades, de modo que esta noite novamente tornou minha vida mais rica e, espero, a sua também.

Despedir. A despedida é uma forma de marcar o encerramento do ritual. Em palavras metafóricas ou literais, um líder "envia" os participantes para o mundo para dar continuidade à vida. A despedida proporciona um fim emocional ao ritual e dá a todos uma espécie de permissão e pontuação para reentrar no espaço e no tempo não sagrados. Ela nos conecta com o futuro.

> Patricia, agora você é uma integrante plena. Você faz parte da nossa comunidade, que constrói amizades que mudam vidas, que nos anima quando estamos fracos e que comemora conosco quando estamos fortes. Para celebrar este momento, vamos todos sair deste lugar e brindar na sala ao lado como amigos.

Nosso banquete de Ação de Graças está chegando ao fim. Vocês podem ficar mais tempo, até mesmo durante a noite, se desejarem. Sei também que alguns de nós precisam pegar a estrada em breve. Obrigado por fazer deste dia um dia especial para todos nós novamente este ano, um lembrete de que temos amigos e familiares que se preocupam conosco. Por favor, leve um pouco do que sobrou, dirija com cuidado e nos diga como foi seu ano até o próximo mês de novembro. Feliz Dia de Ação de Graças.

Esta semana foi muito emocionante. Fiz novos amigos que espero manter para sempre. Aprendi muito sobre liderança e visão. Fui inspirado pelo que aprendi sobre o que vocês estão criando. Na verdade, mal posso esperar para começar a ajudar imediatamente. Espero que isso seja verdade para todos vocês também. Criamos esta semana para consolidar os líderes que estão enriquecendo o mundo. Parece que juntos conseguimos isso. Por favor, no final desta semana voltem para suas casas e comunidades e ajudem-nas a se tornarem tão inspiradas com a visão delas quanto vocês estão agora com a sua. O mundo precisa desesperadamente de mais pessoas inspiradas. Agradecemos a você por investir neste momento.

Os rituais mudam

À medida que sua comunidade cresce ao longo do tempo, é quase certo que você descobrirá que há rituais (ou fronteiras, símbolos ou histórias) em vigor que não servem mais à comunidade tão bem quanto poderiam ou deveriam. As comunidades são dinâmicas, assim como deve ser a forma como você usa os sete princípios.

A melhor maneira de lidar com isso é refletir sobre o que você quer que seus rituais signifiquem neste momento para as pessoas que você inclui agora. Você pode usar elementos do passado para manter contato com sua história e tradição e, em seguida, substituir elementos ou adicionar novos que o entusiasmem. Isso se torna um equilíbrio artístico e, espero, divertido.

Lembre-se do exemplo do Dia de Ação de Graças, em que as pessoas podem querer uma rotina. Embora fique chateado se a salada da vovó não estiver na mesa do Dia de Ação de Graças, você provavelmente também ficaria chateado se a refeição do Dia de Ação de Graças fosse exatamente a mesma de 1949. Os convidados mudaram, e provavelmente o local também. Talvez, além do peru, haja agora entradas vegetarianas e um cardápio mais diversificado. Novos convidados trouxeram pratos de suas próprias tradições.

É significativo incluir tradições alimentares que vêm das famílias de seus convidados? É uma boa ideia mudar o horário para ajudar famílias com bebês e longas viagens de carro? A mesa pode ser posta de forma diferente para acomodar alguém em uma cadeira de rodas? Somente você pode saber com base nos tipos de valores (como pertencimento) que deseja incorporar. Se você estiver preso a manter suas tradições exatamente iguais, saiba que provavelmente estará mantendo algo que se tornará menos significativo e apropriado para uma comunidade que não permanecerá exatamente a mesma.

Uma comunidade dinâmica precisa de um crescimento dinâmico em seus rituais. Todos os símbolos e rituais servem ao seu propósito por um tempo. Eles moldam pessoas, comunidades e até nações. E o tempo passa. A história e o significado por trás de um ritual e símbolo são revelados e compreendidos com novas perspectivas e sensibilidades. As pessoas perguntarão se devemos nos ater à nossa tradição ou abandonar o passado e adotar novos símbolos.

O consenso nunca é fácil nestes tempos. Buscar o consenso é útil, talvez necessário. Mas o processo, por mais bem-intencionado que seja, raramente oferece uma solução melhor. Quer escolhamos uma posição, seu oposto ou um meio-termo, sempre haverá quem fique chateado. No final, uma boa liderança perceberá que a responsabilidade final não pode ser dispersada para a comunidade em geral. Esse é um dos muitos momentos de liderança que exigem uma breve consulta a uma bússola interna. Deve-se tomar a decisão de criar o futuro em vez de simplesmente seguir o passado.

5

O Princípio do Templo

Todos nós queremos um lugar onde nossa comunidade se reúna e possamos fazer as coisas que desejamos em nossas vidas cotidianas. Um templo é simplesmente um lugar onde pessoas com valores compartilhados realizam os rituais de sua comunidade. Os integrantes sabem que é lá que encontrarão sua comunidade. Os membros que estão longe podem querer visitá-lo. De certa forma, o templo representa a força e a legitimidade da comunidade. É um "espaço sagrado", um lugar reservado para um uso específico. Um templo permanente designado é bom, mas não necessário: qualquer espaço pode se tornar um templo simplesmente reunindo os seus integrantes ali e realizando rituais. Na verdade, um campo aberto é certamente um templo para algumas comunidades esportivas.

Não importa para onde eu viaje, não importa em que cidade esteja, sempre há um lugar reservado para uma tradição religiosa nas proximidades. Isso me mostra o quanto queremos nos reunir de uma maneira especial, não importa para onde vamos no mundo. Um dos locais sagrados mais comoventes que já visitei é o Templo Dourado de Amritsar, dedicado à religião Sikh, na Índia. Textos sagrados são lidos em voz alta, as pessoas rezam de acordo com a tradição Sikh e todos os visitantes são bem-vindos para uma refeição quente e fresca a qualquer hora do dia. Não há restrições quanto à religião, classe social ou origem. Mais de trinta mil visitantes por dia são alimentados gratuitamente à vontade. Depois, todos são convidados para um chá quente do lado de fora. Tudo é preparado, servido e limpo por voluntários em um *langar* (cozinha comunitária) gigante no terreno do templo. Aprendi com amigos que essa hospitalidade continua em todo o mundo, onde estranhos são alimentados em *gurdwaras* (templos) Sikhs locais, embora em uma escala muito menor.

Também visitei um local sagrado bastante secreto dos nativos norte-americanos na costa da Califórnia. O espaço lá é designado por pouco mais do que cabanas de madeira e um terreno limpo. O curandeiro responsável não compartilha com estranhos quais rituais são realizados lá. Eu sei que todos os dias nativos norte-americanos de longe procuram esse lugar. Os rituais realizados dentro de um templo podem ser considerados incomuns se realizados do lado de fora e vistos por aqueles que não fazem parte sem uma explicação. Dentro do templo, eles são significativos e confortáveis. O conhecimento interno permite que os rituais sejam experimentados como satisfatórios e até divertidos.

Aqui estão alguns exemplos de rituais que pareceriam incomuns se fossem realizados fora do horário e local previstos para ele:

> Levantar uma camisa com um número escrito nela bem alto (em uma cerimônia de aposentadoria de uma camisa, removendo o número de um determinado atleta em razão de feitos excepcionais).
>
> Soldados com armas em pé, completamente imóveis, com uniformes perfeitamente limpos ao lado de um estacionamento (saudando um carro funerário no Cemitério de Arlington).
>
> Pessoas de meia-idade caminhando em fila vestindo becas pretas e recitando palavras em latim (em uma formatura universitária).

Algumas pessoas se sentem à vontade para cantar, dançar e se expressar emocionalmente apenas dentro de rituais. Isso pode incluir casamentos, eventos esportivos ou festividades de fim de ano.

Criando espaços sagrados para sua comunidade

Um espaço sagrado é simplesmente um espaço reservado para fins especiais. Quando você pensa em espaços que são especiais para você, provavelmente pensa em algo que acontece nesse espaço e que não acontece em nenhum outro lugar. Além disso, algumas atividades são mais especiais se você as realiza em um lugar específico. Casamentos são um bom exemplo. Você pode se casar praticamente em qualquer lugar, mas a maioria das pessoas quer se casar em um lugar que consideram especial.

O espaço tem um impacto profundo em qualquer experiência ritualística. Por exemplo, imagine um casamento em um banheiro na Penn Station. Não importa o que o casal feliz vista ou quem oficie a cerimônia, o ritual parecerá sujo. Agora imagine a mesma cerimônia dentro da Catedral de São Patrício ou no Sheep Meadow do Central Park, em Nova York. Se você for como eu, o mesmo ritual parecerá significativamente diferente e mais importante.

O ambiente em que um evento ocorre afeta o tom do ritual e as emoções dos participantes. Da mesma forma, até mesmo um tapinha nas costas e um abraço de um dos pais dentro do Panteão de Roma podem parecer profundos porque o espaço ajuda a torná-los assim. Ao considerar rituais para sua comunidade, escolher um espaço que seja significativo para ela fará diferença no impacto do ritual.

Sua comunidade pode ter um espaço sagrado permanente, mas quase qualquer lugar pode ser temporariamente transformado em sagrado. Tudo o que você precisa é designá-lo como sagrado quando o usar para algo especial. Por exemplo, um quintal pode ser usado para muitas atividades, incluindo churrascos, esportes e danças. Ele pode ser transformado em sagrado a qualquer momento com uma preparação que seja significativa para você. Isso pode significar reunir determinadas pessoas nele, elencar palavras específicas para serem compartilhadas ou decorá-lo de uma maneira especial. Existem vários recursos que você pode ajustar para criar facilmente um espaço sagrado. Qualquer coisa que funcione para você é apropriada, e você não precisa usar todos eles o tempo todo. Abaixo está uma lista para ajudá-lo a pensar em maneiras de criar espaços sagrados temporários.

Limite. Algo indica o limite do espaço. Assim como as fronteiras para se tornar parte ajudam a formar uma comunidade, os limites espaciais ajudam a tornar um lugar sagrado. A borda de uma clareira, uma fileira de flores, as paredes de uma sala ou qualquer outra coisa podem servir para marcar o interior especial do espaço sagrado. Até mesmo colocar uma corda ao redor de um espaço pode ajudar.

Convite. Pessoas importantes para o ritual são especificamente convidadas para o espaço. A própria presença delas torna o espaço sagrado.

Vestuário. Os participantes usam roupas especiais no espaço quando ele é sagrado. Isso pode significar vestir-se bem ou usar algo considerado apropriado para a ocasião (becas, uniformes, chapéus especiais etc.).

Iluminação. A iluminação é ajustada para o ritual. É melhor que a luz seja direcionada para onde se deseja chamar a atenção e minimizada em outros lugares. Colocar velas é uma maneira de concentrar a luz onde você deseja.

Som. O som é diferente quando o espaço é sagrado. Se um espaço é normalmente barulhento, o silêncio é especial. Se é normalmente cacofônico, então a melodia é algo especial. O som, assim como o visual, mudará a sensação no espaço.

Altura. Objetos importantes para a cerimônia são elevados, incluindo pessoas. Isso pode incluir fazer com que alguém durante uma cerimônia se mova do nível do chão para um nível elevado ou simplesmente se levante. Se for um ritual de jantar, por exemplo, o líder pode se levantar para fazer um brinde ou dar as boas-vindas. Isso torna o espaço mais sagrado.

Qualquer líder pode criar um templo onde os membros possam se reunir. Nós escolhemos como e quando designar um lugar como templo. É provável que um templo informal surja naturalmente se nenhum for formalmente designado. Os integrantes fazem peregrinações (viagens) a um templo porque é significativo para eles e o lugar representa seus valores e sua comunidade. Quanto mais secreto e inacessível o templo for para aqueles que não são parte da comunidade, mais satisfatório será entrar nele, embora a ocultação limite o crescimento e o acesso de visitantes e exploradores.

Na comunidade de CrossFit, o local da competição mundial CrossFit Games, na Califórnia, é uma espécie de templo. Os praticantes de CrossFit se reúnem lá para competir, comemorar e compartilhar suas próprias histórias uns com os outros. Muitos atletas de CrossFit aspiram participar e competir nos jogos. Para os atletas competitivos tradicionais que jogam com uma bola ou correm longas distâncias, os CrossFit Games são definitivamente incomuns. Os praticantes de CrossFit ficam quase nus, fazem levantamento de peso olímpico e, em seguida, andam fazendo parada de mão, viram pneus e muito mais. Eles até costumam torcer com mais intensidade pelo atleta que termina em último lugar! Para os iniciados, isso é simplesmente um reflexo de seus valores.

Uma grande comunidade quase certamente criará templos menores. Uma comunidade pode ter muitos templos de importância variada. Em outras palavras, um único templo não é o princípio e o fim de tudo. Um templo menor é simplesmente um lugar onde os membros se reúnem e realizam rituais que são menores do que no templo principal ou são usados por uma subcomunidade. Esses templos menores permitem que grupos menores se conheçam de maneira mais íntima, realizem seus próprios estilos de rituais e até mesmo se diferenciem da comunidade maior, talvez global.

Por exemplo, além do local anual dos CrossFit Games, para todos os membros do CrossFit, seu box local serve como um templo menor. Os membros se reúnem ali regularmente e realizam um treino altamente ritualizado, incluindo exercícios gamificados, treinos com nomes em homenagem a veteranos e sempre utilizando tabelas de classificação.

Compartilho essa distinção porque você pode ter uma comunidade muito grande ou muito dispersa para ter um único lugar sagrado. Pense em quais espaços pequenos você poderia tornar especiais e como gostaria que eles fossem semelhantes entre si. Assim como os praticantes de CrossFit urbano da Cidade do México treinam de maneira diferente dos praticantes de CrossFit na praia em Oahu, você pode preferir tornar cada templo menor diferente e adequado para seu próprio grupo íntimo.

Aprendi que os membros da Twitch gostam tanto de se encontrar em eventos de videogame ao vivo que criaram grupos de encontro em muitas cidades para continuar se conectando offline. Em outras palavras, os membros criaram seus próprios templos menores para que possam encontrar sua comunidade mesmo quando a Twitch não os convida para um grande evento ao vivo.

Usando a definição deste livro, um destino online pode absolutamente se tornar um tipo de templo comunitário, embora obviamente com diferenças significativas em relação aos lugares onde nos reunimos offline. O templo é criado assim que os integrantes sabem que encontrarão sua comunidade nele e que podem realizar alguns rituais que são significativos para eles. Você provavelmente já sabe que existem muitos destinos online onde os integrantes encontram pessoas que compartilham seus valores. Mais adiante, na Parte 3, discuto algumas maneiras pelas quais as comunidades online aplicam os princípios de maneiras específicas.

Uma comunidade online bem construída e bem gerenciada pode ser ótima. Mas, até agora, em geral, elas ainda não oferecem o mesmo nível de conexão e sentimento de pertencimento que os encontros offline podem proporcionar. Discuti isso com designers, gerentes e consultores de comunidades online que influenciam milhões de pessoas que participam de plataformas online. O melhor resumo que ouvi foi de Stu McLaren, que fundou uma empresa que administra mais de 42 mil sites de assinaturas online. Até ele acredita que *a coisa mais poderosa que uma comunidade online pode fazer é criar amizades offline*. Ele incentiva todas as comunidades a criarem pelo menos um evento offline anual no qual os integrantes possam participar. Ele entende o poder único de convidar pessoas para um templo onde elas podem se encontrar com sua comunidade e compartilhar histórias, aprender umas com as outras e celebrar sucessos.

6

O Princípio da História

As histórias são a forma mais poderosa de aprendizado para nós, seres humanos. Todas as comunidades, tal como todas as pessoas, estão repletas de histórias. Partilhar certas histórias aprofunda os vínculos de uma comunidade. Se as pessoas não conhecerem ou não puderem aprender as suas histórias, não conhecerão nem compreenderão a sua comunidade. Não poderão saber quem você é, o que faz ou a importância do que faz. As histórias são a forma como os integrantes atuais e futuros — e aqueles que não são integrantes — aprendem os valores e a importância da comunidade. As histórias devem ser compartilhadas para que os integrantes possam compreender os valores e a identidade autênticos da comunidade.

Qualquer pessoa familiarizada com uma tradição religiosa conhece pelo menos algumas narrativas icônicas que são fundamentais para a identidade da tradição. Textos canônicos e sagrados, incluindo o Alcorão muçulmano, a Bíblia cristã, a Torá judaica e os Sutras budistas, estão repletos de narrativas. Algumas são históricas e outras metafóricas.

Em todas as grandes religiões, há histórias que devem ser conhecidas para se compreender a tradição, como a iluminação de Buda sob a árvore Bodhi, o êxodo dos israelitas do Egito e a história mórmon da revelação de Joseph Smith por meio de anjos e tábuas de ouro.

Histórias de origem

Entre as histórias mais importantes estão as histórias de origem. Por definição, elas explicam como algo começou, ou seja, sua origem. Pode haver diferentes histórias de origem para diferentes partes de uma comunidade. Mas deve haver uma *única* história de origem sobre como os fundadores foram inspirados a formar a comunidade. A história deve incluir como eles aprenderam algo novo, fizeram algo novo e, então, convidaram outros a se juntar a eles.

Preferencialmente, as histórias de origem da comunidade são verdadeiras — mas o que significa "verdadeiro" pode variar. Há muitas maneiras de contar qualquer história, porque há várias maneiras de escolher o que é compartilhado e o que é deixado de fora. As histórias de origem são frequentemente consideradas verdadeiras se compartilharem verdades factuais, emocionais ou ideológicas. Elas são mais fortes se todos esses três tipos de verdade estiverem representados.

As histórias de origem da comunidade comunicam a quem ela serve, por que serve e, muitas vezes, como serve. Mais importante ainda, as histórias também compartilham valores. Elas fazem isso de forma muito mais eficaz do que uma declaração de missão ou valores jamais poderia fazer. À medida que as comunidades mudam ao longo do tempo, a história de origem se expande ou novas histórias de origem surgem para explicar como a comunidade atual difere das versões anteriores. As novas histórias compartilharão como a comunidade enfrentou novos desafios e respondeu de acordo.

Por exemplo, há treze anos, a comunidade de mães de Lowell começou quando doze novas mães se reuniram em um grupo de amamentação organizado em uma igreja local. Elas ficaram entusiasmadas com o encontro e criaram relações de apoio fora do grupo original. Por conveniência, elas criaram uma comunidade online para apoiar umas às outras com caronas, compartilhamento de babás e bons conselhos sobre maternidade. Outras mães se juntaram à comunidade online, de modo que o aumento do número de integrantes trouxe mais recursos para servir umas às outras. Agora, milhares de mães se conectam, buscam ajuda e se apoiam mutuamente, incluindo muitas que moram longe de Lowell.

Compartilhando histórias de valores

Também deve haver histórias sobre como os valores da comunidade são expressos e como eles afetam pessoas reais. Essas histórias dirão a todos muito mais sobre a identidade da comunidade do que tudo o mais combinado. Quando você pensar nas comunidades que aprecia, considere quais histórias são contadas aos recém-chegados e compartilhadas repetidamente entre os membros. Essas histórias representam os valores que todos esperam incorporar.

Katie trabalha para a New Belgium Brewing. Fundada em Fort Collins, Colorado, em 1991, essa empresa de fabricação de cerveja se orgulha de sua cultura colaborativa, tornando os funcionários proprietários e mantendo as finanças da empresa abertas para todos os funcionários verem. Katie compartilhou comigo uma história sobre sua empresa que é muito importante para ela. No início, sua liderança queria encontrar uma maneira de usar energia de baixa ou zero emissão de carbono para alimentar suas operações, em vez de eletricidade proveniente do carvão. Havia uma oportunidade para fazer isso, mas exigia que a empresa assinasse um contrato de dez anos de energia eólica e pagasse um adiantamento significativo em dinheiro. Segundo a história, a empresa tinha o dinheiro em mãos, mas já o havia prometido como bônus de fim de ano para os funcionários. Foi convocada uma reunião na qual os fundadores da empresa explicaram a situação e saíram da sala. Após uma hora de discussão, todos os funcionários concordaram em abrir mão de seus bônus para que a empresa pudesse funcionar com energia eólica. A história mostra a Katie que ela trabalha em uma comunidade que toma decisões difíceis e age de acordo com os valores ambientalistas da empresa. Seus líderes chegariam até mesmo a incorrer em custos para manter a integridade entre o que dizem valorizar e o que fazem.

Compartilhando histórias vulneráveis

Como Brené Brown discute em seu livro *A Coragem de Ser Imperfeito*, apresentamos vulnerabilidade quando compartilhamos algo que tememos que possa fazer com que os outros nos rejeitem. Isso inclui incerteza, risco e exposição emocional.[1] Comunidades fortes compartilham histórias nas quais a liderança, os integrantes ou até mesmo a organização como um todo se mostraram vulneráveis. Essas histórias criam laços fortes. Elas podem incluir relatos de fracassos ou medos, sentimentos e verdades que não queremos que o mundo inteiro saiba. Essas histórias são tão importantes que, se não forem compartilhadas e a vulnerabilidade e a intimidade nunca forem estabelecidas, o sentimento de conexão entre os integrantes e com a liderança quase certamente permanecerá superficial.

Por exemplo, Marcus, diretor de programação da Twitch, era responsável pela comunidade quando a empresa já atendia dezenas de milhões de usuários por mês. Há alguns anos, enquanto a Twitch atualizava seu software de *backend*, a empresa acidentalmente excluiu dias de arquivos de vídeo do fenômeno Twitch Plays Pokémon (TPP). No canal TPP, os usuários da Twitch foram convidados a jogar Pokémon usando o chat da Twitch.

Mais de *um milhão* de usuários participaram. Marcus explicou que, por qualquer padrão, a perda do arquivo foi um grande fracasso. Quando o erro foi descoberto, havia várias opções para lidar com a situação. Marcus teve orgulho de me contar que, em vez de esconder o problema e esperar resolver a falha secretamente, a empresa manteve seu valor de transparência. Marcus entrou em contato pessoalmente com os líderes da comunidade TPP, que na época tinha mais de 150 mil usuários. Ele admitiu que os arquivos haviam sido excluídos e disse a eles que a empresa havia designado quatro engenheiros para recuperar os vídeos, embora ninguém soubesse como ou quando eles consertariam o dano. Isso levou semanas. Marcus acredita firmemente que a honestidade em admitir o fracasso nesse exemplo e em outros construiu uma confiança duradoura com os usuários da Twitch.

Compartilhando histórias pessoais

Os integrantes precisam de oportunidades para compartilhar suas próprias histórias, seja em locais formais ou informais, ou ambos. Isso os ajuda a se sentirem vistos e compreendidos. Também os ajuda a compreender os valores compartilhados da comunidade. Essas histórias compartilham os desafios reais que as pessoas enfrentaram e como eles moldaram o caráter atual de quem as conta.

Pense nas comunidades com as quais você se sente mais vinculado. Minha suposição é que houve oportunidades, mesmo que informais, nas quais você pôde aprender e compartilhar histórias pessoais. Essas histórias podem ser a parte mais importante da sua experiência. Elas podem incluir como os integrantes se recuperaram de doenças, superaram lutos ou simplesmente concluíram um projeto difícil. É possível que compartilhar suas histórias seja uma forma de investir em uma comunidade específica. Isso pode mudar radicalmente uma comunidade se as histórias forem importantes para você. A comunidade pode parecer mais "sua" porque você confiou a ela uma parte de si mesmo.

Minha amiga Emily trabalha para um famoso estúdio de cinema que chamarei de Neptune Studios. Recentemente, ela me contou sobre uma ocasião em que uma das gerentes intermediárias da empresa (não uma executiva) soube que sua filha havia sido diagnosticada com uma doença neurológica que, ao longo de sua vida, faria com que ela perdesse gradualmente suas funções e, eventualmente, não fosse mais capaz de cuidar de si mesma. Embora não haja cura, há pesquisas em andamento para encontrar uma cura ou, pelo menos, terapias que possam ajudar. Os cineastas do estúdio queriam ajudar. Muitos artistas do estúdio criam personagens e histórias mundialmente famosos, de modo que eles se reuniram e criaram um leilão de obras de arte pessoais, colocando várias centenas de peças em um leilão beneficente na Neptune. Depois de saber do leilão, a administração da empresa concordou em fornecer o bufê. O evento arrecadou fundos significativos para encontrar uma cura ou tratamento para a menina doente. Essa história mostra a Emily que a comunidade Neptune se preocupa com mais do que fazer filmes e lucrar. Ela trabalha em um lugar onde as pessoas se importam umas com as outras e fazem o possível para ajudar. Isso a deixa mais confortável e comprometida a cada dia.

Se você já faz parte de uma comunidade que é importante para você, talvez não tenha percebido que conhecer as histórias dessa comunidade fez com que você se sentisse mais vinculado e acolhido. Talvez você tenha percebido. De qualquer forma, ao convidarmos outras pessoas para se juntarem a nós em nossas comunidades mais relevantes, dar a elas a chance de aprender e compartilhar as histórias mais importantes pode fazer toda a diferença. Isso pode acontecer até mesmo durante um café, ao redor de uma fogueira ou durante uma caminhada na montanha. Como os integrantes da sua comunidade estão aprendendo e compartilhando histórias?

7

O Princípio do Símbolo

Os símbolos são ferramentas poderosas na construção de uma comunidade, pois nos lembram rapidamente de nossos valores, identidade e compromisso com ela. O uso de símbolos é uma forma de fortalecer as comunidades. Os símbolos representam um conjunto de ideias e valores, ou seja, muitas vezes representam várias coisas ao mesmo tempo. Eles podem substituir convenientemente muitas palavras.

Qualquer coisa pode ser usada como símbolo. Isso inclui o simbolismo da chama na tradição unitarista universalista e a água purificadora na tradição hindu. Em tradições de consciência como o taoísmo e o budismo, os símbolos tendem a ser mais abstratos. Por exemplo, o yin e o yang representam, em parte, como coisas que podem parecer opostas são, na verdade, complementares. Em tradições teístas, como o cristianismo e o sikhismo, os símbolos são frequentemente retirados de histórias icônicas. A cruz cristã vem da história da crucificação de Jesus. As espadas cruzadas Sikhs referem-se a um afastamento do pacifismo para a defesa dos vulneráveis. Em qualquer tradição, haverá muitos símbolos para diferentes épocas e lugares. Simplesmente mudar a cor de uma túnica ou colocar um véu na cabeça pode simbolizar um momento especial.

Um símbolo comunitário é muito mais do que uma representação pictórica de uma única palavra, ideia ou memória. Na verdade, os símbolos comunitários funcionam melhor quando não são muito literais. Os símbolos literais deixam menos espaço para interpretação e para representar ideias numerosas e em evolução. Por exemplo, o emblema circular do Corpo da Paz é um símbolo da comunidade mundial da corporação, tanto atual quanto passada. No passado, ele incluía uma pomba dentro de uma bandeira norte-americana.

Emblema do Corpo da Paz

Insígnia dos Fuzileiros Navais dos EUA

Hoje, inclui a silhueta de uma pomba entre as cores e listras da bandeira dos Estados Unidos. Pelo que eu sei, não há pombas reais nas bandeiras norte-americanas no serviço do Corpo da Paz. Observe que o símbolo não inclui a representação de um norte-americano cavando um poço ou ensinando em uma sala de aula. Se incluísse, o literalismo adicional enfraqueceria o poder do símbolo.

Ou considere a insígnia oficial do Corpo de Fuzileiros Navais, que retrata uma águia sentada em cima de um globo atravessado por uma âncora. Obviamente, não é literal. É também um símbolo tatuado nos braços de muitos fuzileiros navais. Se você perguntasse a muitos voluntários do Corpo da Paz ou aos fuzileiros navais o que o símbolo significa para eles, obteria respostas um pouco diferentes de cada grupo. Mas, independentemente da diversidade das respostas, em ambos os casos os símbolos representam suas comunidades e um conjunto de valores.

As comunidades costumam usar muitos símbolos. Na verdade, isso é quase inevitável. Alguns símbolos surgem naturalmente. Outros podem ser pensados e escolhidos. Os símbolos geralmente fazem referência a uma história, um lugar ou uma ferramenta importante para a história da comunidade. O mais importante é que você reconheça o poder dos símbolos e o quanto os membros os apreciam. Eles podem servir como ferramentas poderosas para lembrar a todos quem você é, o que você faz e por que você é importante. Pergunte a si mesmo: quais são os símbolos que sua comunidade usa? Se você não tiver nenhum, quais elementos o símbolo da sua comunidade deve incluir?

Lembranças como símbolos

Uma lembrança é uma espécie de símbolo dado a uma pessoa para recordar uma ideia, um evento ou um conjunto de valores. Muitas vezes, é uma recordação de uma conquista, pertencimento e compromisso. As pessoas adoram lembranças. Elas costumam ter um significado poderoso quando líderes ou colegas as apresentam em rituais.

Você provavelmente já tem lembranças (formais ou informais) de suas próprias experiências comunitárias. Às vezes, nós mesmos ganhamos nossas lembranças: souvenirs são um tipo de lembrança que ganhamos por conta própria. Mas as lembranças são muito mais significativas quando outras pessoas nos dão. A importância de quem dá a lembrança vai influenciar o seu valor. Por exemplo, se Nelson Mandela me desse um único rand sul-africano como uma lembrança de agradecimento, essa moeda seria mais significativa para mim do que dezenas de presentes de agradecimento obviamente mais caros.

Depois de concluir meu treinamento no Corpo da Paz na Zâmbia, um funcionário do Departamento de Estado dos EUA nos empossou oficialmente em uma cerimônia na frente dos nossos instrutores e da equipe do Corpo da Paz no país. Durante a cerimônia, ele prendeu um broche com o logotipo do Corpo da Paz em nossas lapelas. Essa cerimônia foi um rito de passagem que reconheceu nossa jornada de trainees a voluntários do Corpo da Paz. A liderança tornou o espaço sagrado ao convidar pessoas especiais e pedir que nos vestíssemos bem (segundo os padrões do Corpo da Paz).

Cada broche se tornou uma lembrança para guardarmos como uma recordação de nossa iniciação, realizações, compromissos e pertencimento à comunidade. Eles não eram caros: qualquer um de nós poderia ter comprado cem broches antes da cerimônia. Mas os broches que recebemos naquele dia se tornaram especiais.

Meu amigo Joel é treinador de cães de busca e resgate. Ele me contou que, quando uma equipe faz uma diferença real para algum grupo militar ou governamental, uma "moeda comemorativa" desse grupo é oferecida como presente. As moedas são feitas sob medida para o grupo e geralmente incluem a insígnia da unidade. Obviamente, elas têm pouco ou nenhum valor de troca. Mas significam muito para os destinatários, porque são oferecidas com intenção e significado. Elas representam apreço e respeito.

Em histórias míticas de heróis que amadurecem e ganham poder, as lembranças simbólicas úteis são frequentemente itens dados por anciãos sábios para ajudar o herói em sua jornada. O valor de lembrança não é aparente quando ela é recebida. Durante a jornada, seu valor para ajudar ou até mesmo salvar o herói é revelado. Lembranças simbólicas em nossas próprias vidas podem ter uma finalidade semelhante. Elas podem representar sabedoria, apoio ou ensinamentos generosamente dados a nós por anciãos ou colegas para nos ajudar em nossas jornadas. Elas permanecem como lembretes de que outras pessoas estão torcendo por nós, podem estar disponíveis para nós e querem nos apoiar em nossas vidas.

O único limite para o número e os tipos de lembranças é a sua imaginação. Mas, em algum momento, assim como acontece com todas as coisas, se houver muitas, elas perdem seu valor. Se houver poucas, elas não oferecem o poder que poderiam oferecer se fossem dadas com mais moderação. Você terá que escolher quando e o que pode oferecer como lembranças para ajudar os outros a se lembrarem de seu pertencimento, realizações e compromissos.

Qualquer coisa pode servir como lembrança simbólica. Broches, lenços, medalhas, bandeiras e certificados são comumente usados. Até mesmo uma pequena pedra pode ser uma lembrança perfeita se apresentada de forma sagrada. As lembranças para sua comunidade devem representar seus valores.

Muitas lembranças simbólicas permanecem invisíveis até que as identifiquemos. As lembranças são como rituais, pois podem ser criadas e apreciadas sem serem identificadas. Itens que começam simplesmente como úteis e práticos podem, com o tempo, ganhar significado. Por exemplo, quando minha avó não pôde mais organizar as reuniões de Ação de Graças, ela passou as travessas e os pratos especiais para meu pai e minha mãe. Eles se tornaram lembranças que representavam hospitalidade, família, conexão, boas-vindas e alguma autoridade, embora tenham começado como itens para servir comida. Os líderes podem perceber objetos do dia a dia que podem ser imbuídos de um significado poderoso, de modo que esses itens podem ser passados adiante como lembranças. Pode ser uma simples questão de substituir o item por um novo para permitir que o antigo continue vivo como uma lembrança simbólica. Uma caneta usada para assinar, um copo usado para brindar ou um chapéu usado em uma aventura especial podem ser passados adiante e substituídos.

Dando lembranças simbólicas

As lembranças podem ser muito poderosas quando as damos a outras pessoas. Lembre-se de que quem oferece pode atribuir valor à lembrança simbólica. Se isso for feito de forma honesta e intencional, o valor material da lembrança pode não ter qualquer importância. Para usar o poder das lembranças simbólicas, podemos recorrer a alguns princípios simples.

> Intenção: diga à pessoa o motivo de ela estar sendo presenteada.
>
> Simbolismo: diga a ela o que isso representa para você.
>
> Conecte-se ao futuro: diga a ela como você espera que isso a apoie, mude ou sirva.

> Stephanie, estou lhe dando esses castiçais. Nós os usamos em mais de cem jantares aqui. Pelo menos mil pessoas já se reuniram em torno deles em algum momento, fazendo amizades. Estou lhe dando porque sei que você vai usá-los. Sei que você reúne as pessoas em um espaço acolhedor e as convida a se abrirem. Esses castiçais representam a hospitalidade, criando um espaço preparado para que outras pessoas se reúnam. Espero que eles tornem sua casa mais alegre e lembrem você de que seus esforços são importantes, mesmo que você não veja os resultados.

8

O Princípio dos Círculos Internos

Todos nós queremos ser especiais para alguém ou para várias pessoas. Todos nós queremos ser valorizados e valiosos. Isso pode significar entrar para o clube de elite dos vencedores do Oscar, dos atletas olímpicos ou dos ganhadores do Prêmio Nobel. Mas não precisa ser algo tão elitista. Em muitas comunidades, existem círculos internos formais com membros oficiais e vários outros círculos internos informais. Todos nós aspiramos pertencer a círculos internos de prestígio, talvez não apenas pela autoridade e respeito, mas por novas formas de participar e contribuir. Esse desejo é tão poderoso que raramente ficamos satisfeitos com os círculos em que já estamos. Simplesmente diferimos nos círculos internos aos quais aspiramos pertencer e no que estamos dispostos a fazer para ser admitidos.

Ainda não descobri uma única tradição espiritual sem algum tipo de organização em círculos internos. A mais bela descrição que ouvi foi do meu amigo e professor budista tibetano Lama Surya Das. Ele explicou que, em sua tradição, esses círculos podem ser mapeados em uma mandala, uma figura circular ou diagrama que representa a totalidade e o universo com partes materiais e imateriais.

À medida que se aprofunda na comunidade, isso pode ser descrito como uma jornada da parte externa para a parte interna e, em seguida, para a parte secreta ou mais sutil. A jornada da periferia para os círculos internos pode ser descrita desta forma:[1]

Interessados
Estudantes
Membros associados
Praticantes
Leigos ou acólitos devotos
Monásticos devotos
Místicos e sábios

A progressão pode parecer uma hierarquia, mas não é. Cada parte da mandala é o centro e cada parte está conectada a todas as outras partes. O centro do coração, ou o centro da mandala, "é maior do que o espaço exterior". Em outras palavras, aqueles que entram no círculo menor interno descobrirão que no centro existe a unidade onde todos estão vinculados. Os novos membros estão preocupados com o que podem obter daquela tradição. Os místicos e sábios no centro se preocupam com todos os seres do universo.

Quase todo mundo aspira entrar nos círculos internos (se você for normal). Quando morava em Nova York como um jovem documentarista, eu aspirava entrar no círculo interno dos documentaristas profissionais. Era um círculo informal que se reunia em locais específicos da cidade, encontrando-se em eventos de cinema, incluindo certos workshops, festivais e painéis. Mas, quando consegui entrar nesse grupo, percebi que o círculo que eu *realmente* queria entrar era o dos cineastas da PBS, então um círculo de cineastas cujo trabalho era financiado por uma lista específica de financiadores, depois um círculo de cineastas premiados internacionalmente, depois um círculo de cineastas cujo trabalho era distribuído internacionalmente na televisão e por outros meios de comunicação e, finalmente, o círculo dos cineastas que ganharam um Oscar.

Eu acreditava que os membros de cada círculo progressivo poderiam me ensinar mais, ter mais sabedoria, ter acesso a mais poder, entender melhor como alcançar objetivos e talvez até se divertir mais. Obviamente, isso nem sempre era verdade. Eram círculos informais. Não havia presidentes de grupo, comitês de seleção, cartões de membro ou reuniões anuais. Mesmo assim, eu queria continuar nesses círculos internos. Para o bem ou para o mal, eu via a progressão como um reflexo do meu próprio crescimento, tão importante quanto para o meu avanço contínuo. Eu queria provas de que estava me tornando um cineasta mais estabelecido. A inclusão nesses círculos internos informais era uma forma de avaliar meu sucesso na época.

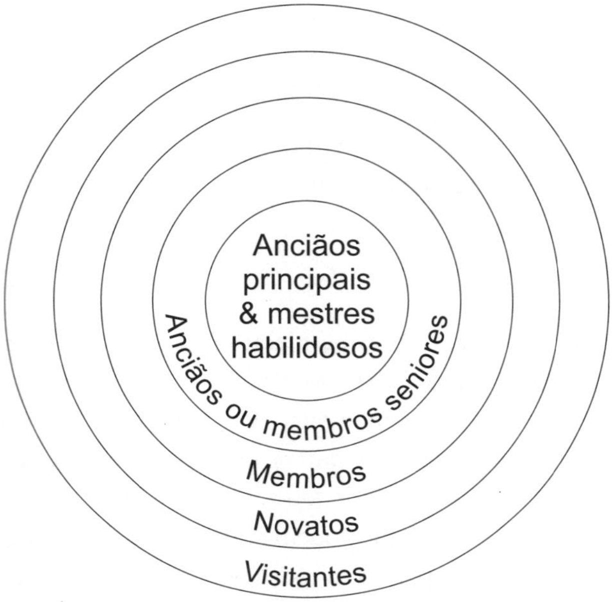

Figura 1. Círculos internos

A busca incessante pelo próximo círculo pode se tornar uma armadilha perigosa. Em comunidades maduras e formais, há uma maneira muito mais satisfatória e saudável de se relacionar com os círculos internos. Comunidades maduras e fortes criam diferentes níveis de círculos internos nos quais os membros podem entrar, não para se tornarem esnobes superiores, mas para servir de maneira diferente. Em cada nível, os membros ganham alguns benefícios relacionados ao seu amadurecimento ou formação. Os benefícios podem incluir novos acessos, conhecimento, autoridade, reconhecimento ou respeito. Os grupos têm muitos nomes diferentes para esses círculos internos. Uma progressão típica seria algo como isto, com rótulos diferentes (figura 1):

Visitantes
Novatos
Membros

Anciãos ou membros seniores
Anciãos principais e mestres habilidosos

Em nossa comunidade de jantares, os círculos são rotulados da seguinte maneira:

Interessados por informações (visitantes)
Convidados para o jantar (novatos)
Voluntários (membros)
Líderes do jantar (membros seniores)
Coordenadores de líderes (anciãos)
Anfitriões (anciãos principais)

Uma comunidade pode escolher o que constitui um círculo interno apropriado e quantos devem existir. Obviamente, há um ponto em que isso se torna inútil e ridículo: imagine uma organização com apenas dez membros e sete círculos internos! No entanto, mesmo as organizações pequenas verão pelo menos alguns círculos informais se formarem.

Não é importante que cada membro busque círculos internos. Nem todos os membros da nossa série de jantares aspiravam a servir como líderes de jantar. É perfeitamente aceitável que um membro encontre um nível preferido e permaneça nele. O sucesso na vida ou na comunidade nunca deve ser definido apenas pela progressão para círculos cada vez mais exclusivos.

Comunidades fortes oferecem uma jornada (progressão) em círculos internos sucessivos. Embora alguns membros possam optar por permanecer em determinado nível, comunidades maduras oferecem *oportunidades* de progredir através de uma série de círculos internos. Nos melhores exemplos, a progressão reflete uma jornada de crescimento ou amadurecimento.

Isso é verdade mesmo que a comunidade seja baseada em um interesse ou habilidade comum, como andar de bicicleta, praticar esportes ou participar de jantares. Um tipo de crescimento pode simplesmente refletir um nível de habilidade ou conquista competitiva (por exemplo, corrida de bicicleta, fabricação de pipas ou construção de barcos). Avaliar uma habilidade em desenvolvimento é uma maneira de avaliar a jornada através dos níveis. Mas o aprimoramento de habilidades (por exemplo, fazer pipas que voam mais alto) é uma medida superficial que pode ser útil para organizar um grupo, mas não uma comunidade.

A jornada mais poderosa reflete a "maturidade" de uma preocupação crescente com os outros. Nessa jornada, seguimos um caminho de progressão durante o qual a preocupação com nós mesmos diminui, enquanto a preocupação com os outros — um círculo cada vez mais amplo além de nós mesmos — cresce. A ironia é que quanto menor e mais exclusivo é o círculo ao qual pertencemos, mais ampla é a nossa preocupação com os outros.

Visitante: Pode não se preocupar com ninguém, busca novidades ou experiências divertidas.

Novato: Preocupado com o eu individual, busca realizações pessoais e legitimidade.

Membro: Preocupado com seu grupo de pares, busca sucesso e respeito pelo grupo.

Ancião: Preocupado com todos da tribo em todos os lugares, busca o sucesso e o respeito de toda a tribo.

Ancião principal: Preocupado com o mundo inteiro, busca ajudar a tribo mundial a se encaixar e servir ao mundo dinâmico.

Nem todas as comunidades têm anciãos principais com uma perspectiva global para sua tribo, mas as comunidades mais respeitadas geralmente têm. Mais uma vez, considere nossa comunidade do jantar como um exemplo com essa ideia em mente. As descrições a seguir articulam o amadurecimento mínimo necessário em cada nível. Se os indivíduos nunca atingirem o amadurecimento mínimo de um nível, eles não avançarão ou se tornarão membros avançados muito ruins. Este exemplo da série de jantares destaca como as habilidades por si só não são suficientes para tornar o próximo círculo interno apropriado para a jornada de alguém:

Pessoas em busca de informações (visitantes): Ainda não estão preocupadas com ninguém, apenas querem saber mais sobre a série.

Convidados para o jantar (novatos): Preocupados em ter uma boa experiência.

Voluntários (membros): Preocupados que os convidados tenham uma boa experiência e talvez aprendam algumas habilidades.

Líderes do jantar (membros seniores): Preocupados que os voluntários e convidados tenham uma experiência valiosa.

Coordenadores líderes (anciãos): Preocupados que todos os líderes, suas equipes e convidados criem algo valioso e divertido.

Anfitriões (anciãos principais): Preocupados que todos os envolvidos obtenham valor e que a série enriqueça a comunidade em que vive e faça a diferença no futuro.

O filme *Karatê Kid – A Hora da Verdade*, de 1984, apresenta um bom exemplo de como cruzar os círculos internos é uma jornada rumo à maturidade. O filme conta a história de um menino chamado Daniel, que está procurando um mestre de karatê com quem estudar. Daniel começa como um visitante da tradição do karatê: ele quer aprender a se defender. O guardião que pode ensinar a arte marcial controla a entrada no círculo interno da tradição. Daniel descobre dois mestres aparentemente habilidosos, o calmo Kesuke Miyagi e o violento e agressivo John Kreese. Após a súplica de Daniel, Miyagi concorda em ensiná-lo. As tarefas de treinamento são estranhas e aparentemente sem sentido: Miyagi instrui Daniel a realizar tarefas simples o dia todo, como pintar, lixar e lavar. Somente depois que Daniel completa dias de tarefas chatas e dolorosas é que a sabedoria por trás do treinamento é revelada. Daniel, um novato, é incentivado a *agir antes de compreender e a acreditar em seu valor ou na filosofia subjacente.*

Então, a filosofia do treinamento é revelada e, depois de desenvolver a memória muscular do karatê por meio das tarefas simples, Daniel se torna um membro do círculo interno. Miyagi lhe dá uma faixa para a cabeça como símbolo de seu novo status. Quando Daniel conclui seu treinamento, Miyagi lhe dá um uniforme de competição com uma árvore bonsai desenhada nas costas. É um símbolo da transição de Daniel de aluno para competidor, dado a ele pelo seu mestre ancião. Ele o levará consigo nos desafios que virão.

No terceiro ato, Daniel entra em uma competição de karatê. Ele é questionado sobre a cor do seu cinto. Essa pergunta tem como objetivo determinar se ele é realmente um membro experiente. Miyagi, um mestre habilidoso, garante ao oficial do torneio que Daniel é faixa preta (sênior). Ele pode aprovar a autenticidade de Daniel como guardião da comunidade do karatê.

Embora outros competidores tenham muito mais experiência, Daniel chega à final. Durante toda a competição, ele é o único competidor usando uma faixa com o sol nascente japonês, o símbolo de seu treinamento.

Na semifinal, quando parece que Daniel pode vencer, Kreese instrui seus alunos competidores a "não demonstrarem piedade" e a machucarem Daniel. Eles obedecem. Então, mesmo com uma perna ferida, Daniel vence a luta pelo campeonato com um chute voador. Ele é levantado pela multidão e reconhecido por todos como um ancião maduro. Vemos que ele cresceu e agora pode defender a si mesmo e, presumivelmente, aos outros de ameaças que, antes de sua jornada, o teriam oprimido. A parte mais interessante é como os dois instrutores de karatê são apresentados. Podemos dizer que Miyagi é o verdadeiro ancião principal porque Kreese está interessado apenas no bem-estar, no sucesso e no reconhecimento de seu próprio grupo; ele claramente não se preocupa com o bem-estar de desconhecidos. Isso é revelado no primeiro ato, quando ele se recusa a pedir a seus alunos que respeitem Daniel. Ele também não se importa com a tribo do karatê em geral. Sabemos disso porque ele diz aos seus alunos para machucarem Daniel na competição. Vemos que Kreese é realmente um membro imaturo fingindo ser um ancião. Ele tem habilidades, mas não a maturidade que faz um verdadeiro ancião principal.

Miyagi, por outro lado, defende Daniel quando ele é um desconhecido e se preocupa com todos os competidores de karatê. Isso fica explícito na sequência do filme, quando Miyagi protege um dos alunos de Kreese do próprio abuso de Kreese. Tanto nós, o público, quanto os competidores de karatê podemos ver que Miyagi é um ancião autêntico, não apenas por causa de sua habilidade, mas também por causa de sua ampla preocupação e até mesmo generosidade. Também temos a sensação de que Daniel encontrou o caminho certo a seguir. Se Daniel continuar a estudar com Miyagi, ele também amadurecerá e se tornará um verdadeiro ancião principal, com um crescimento interno muito maior do que apenas físico.

Mesmo um ancião principal nunca alcança "todo" o conhecimento. Miyagi pode dizer que aprendeu com Daniel, assim como Daniel aprendeu com ele; Kreese, é claro, não admitiria que um aluno pudesse lhe ensinar alguma coisa. Portanto, um verdadeiro ancião pode aprender com novatos, membros e outras pessoas tanto quanto os outros aprendem com ele. O que o ancião aprende será muito diferente do que os novatos aprendem, de modo que a forma como os novatos ensinam será muito diferente da forma como o ancião ensina.

Ao criar jornadas no círculo interno, oferecemos oportunidades para ensinar. À medida que avançamos para círculos internos cada vez mais exclusivos, queremos novas maneiras de expressar nossos valores e os da nossa comunidade. Isso pode consistir em oportunidades adicionais para praticar uma atividade, desenvolver uma tradição ou ensinar outras pessoas. Mas, como as melhores jornadas no círculo interno nos ensinam a cuidar de círculos cada vez mais amplos de pessoas, os círculos internos avançados devem dar aos membros a oportunidade de ensinar outras pessoas — de compartilhar não apenas habilidades, mas valores e crenças que nos ajudam a amadurecer internamente como pessoas. Em nossa jornada, queremos ser ensinados e também queremos ensinar. É por isso que criar oportunidades para ser mentor e ser mentorado é tão poderoso.

Para uma comunidade saudável e crescente, deve ficar claro como se entra nos círculos internos. A jornada pode ser difícil, seja naturalmente ou por design. Essa dificuldade é o que mantém os círculos internos exclusivos. Mas o caminho deve ser conhecido e disponível para aqueles que estão dispostos a se comprometer e aprender. Por exemplo, em nossa comunidade de jantares, o avanço exigia um compromisso com a programação de horários, o planejamento de uma refeição, o recrutamento de voluntários, o financiamento de uma noite e a organização de um evento de quatro horas. Quando um voluntário conseguia fazer isso, ele se tornava um líder de jantar totalmente reconhecido.

Seja qual for o caminho, ele deve ajudar a promover a maturidade do integrante e incluir uma avaliação dessa maturidade. Se você quiser, isso pode significar um ensino informal realizado por integrantes mais antigos ou uma avaliação formal dos líderes. Alguns novos integrantes terão habilidades e maturidade mais avançadas do que seus colegas. Esses integrantes devem passar para os círculos internos mais rapidamente, de uma forma que reflita sua jornada. Desde que os valores de cada círculo sejam respeitados, os integrantes devem poder progredir no seu próprio ritmo. Se todos os integrantes forem forçados a progredir exatamente no mesmo ritmo, o tempo será mais valorizado do que a maturação. Esse é um caminho pouco atraente e desmotivador. Por motivos justificáveis, os membros talentosos e qualificados ficarão frustrados e provavelmente irão embora. Isso pode ser particularmente importante em um ambiente corporativo. Pessoas talentosas querem saber como podem progredir na empresa ou em sua área de atuação. Se não estiver claro como elas podem fazer isso em sua organização, elas procurarão opções em outros lugares.

Uma armadilha perigosa do círculo interno

Como mencionei na Introdução, C. S. Lewis explicou a atração e o perigo de perseguir um círculo interno em seu discurso de 1944, "O círculo interno". A armadilha do círculo interno é o ciclo espiral que nos puxa de um círculo para o outro; assim que alcançamos um, inevitavelmente ansiamos pelo próximo, ainda mais exclusivo (e, portanto, mais atraente), além dele: "O desejo de estar dentro da linha invisível ilustra essa regra. Enquanto você for governado por esse desejo, nunca conseguirá o que quer. Você está tentando descascar uma cebola: se conseguir, não sobrará nada. Até que você enfrente o medo de ser um outsider, você continuará sendo um outsider."[2]

Por exemplo, ser admitido em uma escola de elite é um convite para entrar em um círculo interno. Mas, quando chegamos à escola, descobrimos que há um grupo de alunos legais que formaram um círculo interno melhor e mais exclusivo. Se entrarmos nesse círculo, descobriremos outro círculo ainda mais exclusivo de líderes de organizações estudantis, alunos que receberam bolsas do presidente da instituição ou estrelas do esporte. Além desse círculo, descobriremos um círculo ainda mais exclusivo de alunos bem-sucedidos. Lá, descobriremos que há um círculo interno de presidentes de fraternidades e ex-alunos, e assim por diante: os círculos internos continuam para sempre. Mesmo que nos tornemos presidentes de nosso próprio país, descobriremos que existe um círculo interno menor de líderes mundiais que ganharam o Prêmio Nobel da Paz. Como sempre existirá um círculo ainda mais interno, nossas aspirações nunca poderão ser satisfeitas. Sem consciência e esforço consciente de nossa parte, cairemos na armadilha que criamos para nós mesmos de lutar para estar em um lugar que não somos.

Minha amiga Patricia me contou que, quando entrou na faculdade de Direito, ouviu dizer que era muito prestigioso trabalhar no periódico acadêmico jurídico. Na verdade, o então presidente dos Estados Unidos havia trabalhado na mesma publicação. Parecia tão especial que ela imediatamente quis se juntar a esse grupo exclusivo. Então, nas semanas seguintes, ela pensou no que queria aprender na faculdade de Direito e no que queria fazer depois de se formar. Ela queria trabalhar com justiça internacional. As horas dedicadas ao periódico acadêmico jurídico não a ajudariam tanto quanto outras oportunidades. Não era um bom investimento de seu tempo, exceto pelo fato de que poderia resultar em se tornar uma integrante da elite. Ela me contou como foi difícil abrir mão da atração do círculo interno do periódico e voltar a perseguir o que a inspira. Agora, anos depois, ela leciona naquela faculdade de direito de renome e nunca trabalhou no periódico acadêmico jurídico.

Lewis diz que não há nada de errado com os círculos internos em si. Eles são simplesmente estruturas cheias de pessoas que desejam se conectar. No entanto, ele nos alerta contra nosso desejo insaciável de buscar círculos mais internos. Uma vez que reconhecemos esse desejo, podemos escolher desistir da busca quando essa for a opção certa para nós.

Existe uma maneira de escapar da armadilha do círculo interno. Lewis recomenda que participemos de alguma atividade que gostemos e a pratiquemos com frequência. Seu exemplo é tocar música. Podemos então convidar outras pessoas que gostariam de se juntar a nós para tocar. À medida que nos reunimos regularmente para fazer isso, formamos um tipo específico de relacionamento que nos salva do desejo de estar em outro lugar. Esse relacionamento é a amizade. Essa é a verdadeira base de uma comunidade. Lembra-se da nossa definição de comunidade? Uma comunidade é um grupo de indivíduos que compartilham uma preocupação mútua pelo bem-estar uns dos outros. Quando formamos uma comunidade que cultiva a amizade, criamos o que buscamos: amigos que se preocupam com o bem-estar uns dos outros. Para quem está de fora, pode parecer um círculo interno exclusivo. No entanto, sabemos que ele está aberto a qualquer pessoa que compartilhe nossos valores, mesmo que seja simplesmente valorizar os amigos com quem tocamos música.

Nos salvando da armadilha do círculo interno

Evitar a armadilha do círculo interno é o motivo pelo qual nossas comunidades devem oferecer caminhos claros para o crescimento pessoal daqueles que compartilham nossos valores.

Esse acesso nos impede de criar círculos internos sem sentido que permanecem inatingíveis (e inúteis). Se criarmos conscientemente círculos internos com nossas comunidades, construí-los com base em nossos valores fundamentais e convidarmos qualquer pessoa com esses mesmos valores a entrar, criaremos um fórum para a amizade. Por exemplo, quando começamos nossa série de jantares, enviamos convites por e-mail para todo o campus e além. Qualquer pessoa era bem-vinda, desde que reservasse um lugar com antecedência. Nos primeiros quatro meses, ficou claro quem eram nossos frequentadores assíduos. Eles ajudavam a preparar tudo e sabiam onde estavam os suprimentos. Eles ajudavam no andamento da longa noite. Eventualmente, alguns frequentadores assíduos começaram a liderar os jantares. Nós os chamávamos de líderes dos jantares. Depois de alguns anos, a série cresceu tanto que nosso amigo Arjan começou a coordenar e Sam ficou responsável pela administração.

Estudantes de graduação e pós-graduação, integrantes do corpo docente, administradores, palestrantes visitantes, teólogos, médicos, jornalistas, ativistas de direitos humanos, especialistas em ética, poetas e cientistas espaciais se juntaram a nós. Aprendi como era raro os estudantes sentarem-se por três ou mais horas, conectando-se com outras pessoas, sem interrupções e sem uma agenda. Para muitos, os jantares se tornaram um dos pontos altos de sua experiência universitária. Algo engraçado aconteceu no segundo ano: dois frequentadores assíduos, Courtney e Bjorn, me contaram que, quando desconhecidos descobriam que eles tinham ido aos "jantares da Prospect Street", queriam saber como ser convidados, como entrar no que, obviamente, parecia ser nosso círculo interno. Vários de nós rimos disso. Sabíamos que tínhamos trabalhado duro para criar um sistema para que qualquer pessoa pudesse participar, desde que confirmasse presença em nosso site! Aprendemos que esse simples compromisso de compartilhar o jantar criou algo que realmente parecia um círculo interno exclusivo para os outros. O que realmente tínhamos era uma comunidade de amigos sempre prontos para receber mais pessoas. Se você quiser saber mais sobre nossa comunidade de jantares, compartilho mais exemplos no apêndice B.

O diaconato

Uma comunidade pode ter muitos círculos internos diferentes. Alguns podem levar naturalmente a outros círculos. Por exemplo, os pilotos de avião podem ter um círculo mais exclusivo de capitães de avião. Dentro desse círculo, pode haver outro para capitães de avião que voam em rotas internacionais. Outros círculos internos podem não ter círculos mais exclusivos. Por exemplo, minha esposa faz parte de uma comunidade de mulheres profissionais cambojanas na East Bay. Na verdade, existe apenas um círculo entre essas mulheres em particular. Mas um aumento no tamanho do grupo pode inspirar ou exigir, no futuro, a criação de mais círculos internos. A maioria das comunidades maduras tem pelo menos um círculo, se não uma hierarquia de círculos, que eu chamo de diaconato. Assim como *templo* e *ritual*, o termo *diaconato* vem de comunidades espirituais, mas pode ser aplicado a todos os tipos de comunidades. (Estou pegando esse termo emprestado da tradição cristã antiga e usando de maneira um pouco diferente. Nessa tradição, o diaconato é o órgão oficial dos diáconos. O termo diácono vem da palavra grega antiga *diakonos*, que significa "servo". Os diáconos servem à comunidade da igreja.)

O diaconato é composto por pessoas que têm mais autoridade na comunidade do que os outros membros. O diaconato também deve ter mais sabedoria sobre a comunidade, mas esse é o melhor cenário possível. Suas opiniões são mais valorizadas do que as dos outros membros. O diaconato é sempre composto por membros que são anciãos e líderes. Os guardiões mencionados anteriormente fazem parte do diaconato. Eles obviamente têm mais autoridade. Nesta época, é provável que seus membros respeitem o diaconato e mantenham sua legitimidade porque acreditam que os líderes são ou podem ser seus amigos. Os membros acreditam nisso porque entendem que o diaconato incorpora os valores comunitários que os membros prezam.

Tal autoridade pode ser útil ou abusiva. Todos nós já vimos os dois lados. O perigo geralmente surge quando os líderes deixam de priorizar o enriquecimento dos membros e passam a se considerar infalíveis, proibindo qualquer questionamento sobre sua retidão moral.

O diaconato tem autoridade informal ou formal em três áreas principais:

> *Proteger a fronteira:* eles têm autoridade para excluir ou rejeitar alguém da comunidade, em especial por falta de valores coerentes com a comunidade.
>
> *Oficiar rituais:* sua presença torna os rituais importantes ou mais importantes. Isso pode incluir ritos de passagem formais, como iniciações, ou festas comemorativas informais.
>
> *Ensinar os valores da comunidade:* seus ensinamentos sobre os valores da comunidade são mais influentes do que os de outros integrantes.

Pense nas comunidades que você valoriza. Quer exista uma estrutura formal ou não, é quase certo que existem pessoas que têm mais autoridade do que outras nessas três áreas. Pode haver uma única pessoa responsável por todas as três áreas.

Existem maneiras de identificar o diaconato em uma comunidade. Em uma comunidade informal, pode não haver títulos que ajudem um estranho a identificar o diaconato. Pode até haver orgulho em não nomear um diaconato oficial. Mas uma comunidade madura e forte sempre tem algum tipo de diaconato. Os membros podem simplesmente se referir a essas pessoas como populares, respeitadas, influentes ou "importantes". Geralmente, você pode identificar o diaconato respondendo a estas perguntas:

> Quem tem autoridade para rejeitar alguém desta comunidade?
>
> Quem pode trazer alguém para a comunidade por sua própria vontade?
>
> A presença de quem torna uma simples reunião mais importante ou animada?
>
> Quem são os integrantes a quem o resto da comunidade (quase) sempre dá ouvidos?
>
> A sabedoria e a perspicácia de quem são repetidas dentro da comunidade?
>
> A aprovação de quem vai permitir ou acelerar a aceitação de uma ideia que pode mudar a comunidade?

Problemas surgem quando não há diaconato. Algumas comunidades se orgulham de dar voz igual a todos os membros, talvez até mesmo aos visitantes. Parte da ideia é garantir que ninguém seja deixado de fora ou silenciado. É certamente verdade que boas ideias e amadurecimento podem vir do membro menos apreciado. É assim que muitas vezes as comunidades jovens começam. Mas o igualitarismo estrito leva a problemas à medida que as comunidades crescem, fazem mais e amadurecem em sua filosofia. Em algum momento, as ideias não são todas igualmente valiosas. Por exemplo, novos membros que não são inteirados sobre a história da comunidade podem fazer sugestões que já foram tentadas e falharam muitas vezes.

Sem um diaconato, não há como diferenciar a contribuição de um Einstein da opinião de um idiota. Se ambos receberem a mesma consideração e tempo, a comunidade como um todo ficará insatisfeita. Além disso, os visitantes não serão capazes de dizer se a própria comunidade consegue distinguir entre um Einstein e um maluco. Com razão, eles questionarão os valores da comunidade e se afastarão. Uma possibilidade mais perigosa é que alguns membros defendam valores que entram em conflito com os da comunidade, como violência, racismo ou xenofobia. Sem um diaconato, é impossível para a comunidade em geral dizer aos de fora que esses radicais não refletem o núcleo da comunidade. O diaconato permite a imposição de limites para que os radicais possam ser expulsos, talvez para criar sua própria comunidade separada.

É importante identificar o diaconato, mesmo que informal, porque os membros novos e em amadurecimento vão querer saber quais são os valores e o que é permitido (ou seja, o que permite que alguém permaneça no grupo). Sem um diaconato, os visitantes não saberão o que a comunidade representa, se é que representa alguma coisa. Eles não saberão se estão ouvindo o maluco desinformado da aldeia ou a espinha dorsal moral da comunidade. Há um ciclo comum no papel do diaconato, à medida que a autoridade informal se transforma em autoridade formal e, em seguida, em divisão, o que reinicia o ciclo em uma nova comunidade. Conforme uma comunidade amadurece, a necessidade de um diaconato cresce.

Eu mencionei minha amiga Amanda, membro do que chamo de comunidade das mães de Lowell. Com o tempo, outras mães se juntaram à pequena comunidade online inicial, de modo que o aumento do número de membros trouxe mais recursos para que pudessem ajudar umas às outras. À medida que novas mães se juntavam, elas eram colocadas em grupos menores (círculos internos) para que pudessem discutir questões relevantes para recém-nascidos. O número de membros cresceu para milhares de mães, incluindo muitas que moram fora de Lowell. As mães que gerenciam a plataforma online e as administradoras do fórum se tornaram o diaconato formal, mesmo sem uma eleição ou qualquer consciência das atuais integrantes sobre como obtiveram a autoridade. Amanda adora receber apoio e oferecer apoio às mães de seu grupo. Em especial, ela gosta de vê-las pessoalmente em parques ou visitá-las em suas casas.

Recentemente, as líderes na plataforma online decidiram que a comunidade havia crescido demais e anunciaram que encerrariam a adesão de qualquer pessoa que morasse fora de Lowell. Como você pode imaginar, isso gerou indignação entre muitas integrantes, algumas porque foram rejeitadas por causa do seu CEP e outras porque perderiam o contato com amigas por um motivo aparentemente trivial.

Quando Amanda me contou sobre isso, parecia um exemplo clássico em que a liderança valoriza algo (proximidade e facilidade de gerenciamento) e os membros valorizam algo diferente (participação e apoio). Amanda explicou que as mães do seu círculo mais próximo lidaram com a confusão mudando sua conexão online para outra plataforma. Lá, as líderes das mães de Lowell não podiam impor regras (baseadas em valores) que o círculo de

Amanda não gostava. O círculo de Amanda tinha sua própria liderança. Ela não chamou isso de cisão na comunidade, mas para mim certamente parecia uma. Com o tempo, os valores quase invariavelmente mudam dentro de uma comunidade: tornam-se mais ou menos inclusivos, escolhem prioridades diferentes ou estabelecem metas mais ambiciosas. Começa um debate sobre valores e emerge um novo diaconato informal, defendendo os novos valores. Se o diaconato formal não reconhecer a importância do informal, uma divisão se formará. Isso não é necessariamente uma coisa ruim. Pode significar simplesmente que subgrupos com valores diferentes estão se diferenciando. Para evitar um cisma, o diaconato deve acomodar continuamente os valores em evolução na comunidade. Em algum momento, os novos valores podem não se encaixar mais na comunidade original. Nesse caso, permitir que alguns membros se afastem pode ser a melhor escolha.

Comunidades maduras lideram o crescimento

Comunidades maduras e fortes oferecem aos membros oportunidades de aprender como ter sucesso de alguma forma. Ou seja, elas ajudam os membros a crescer da maneira que eles gostariam de crescer. A comunidade apoia o crescimento e pode liderar explicitamente esse crescimento. Esse crescimento pode ser em direção à gestão da vida como um todo ou em algum conjunto específico de habilidades ou área da vida.

Por exemplo, as comunidades podem nos ajudar a ter sucesso como mãe, empreendedora ou piloto de avião. Comunidades fortes ensinam os membros a ter sucesso de maneiras que eles não conseguiriam sozinhos. A educação vem de um conjunto de conhecimentos e sabedoria que os integrantes não podem acessar ou gerenciar sozinhos. Portanto, em uma comunidade forte, os integrantes devem saber como acessar o conhecimento detido por outros. Esse acesso pode ser informal (convivendo com outros integrantes) ou formal (com aulas particulares, cursos ou estágios). Se os membros deixarem de acreditar que a comunidade pode ensiná-los a ter sucesso, seu compromisso quase certamente diminuirá. Por outro lado, se os membros têm a sensação de que, de alguma forma, a participação na comunidade pode ajudá-los a ter sucesso, mas não entendem como isso acontece ou como podem ter acesso à sabedoria, ao treinamento, aos professores ou aos mentores, a comunidade fica enfraquecida.

Os integrantes querem ser ensinados pelos mais anciãos da comunidade e compartilhar tempo com eles. É importante que os anciãos tenham oportunidades tanto de ensinar quanto de aprender. Eles são recursos de habilidades, saúde interna e conhecimento exclusivo dos integrantes. Eles podem fazer isso formalmente, oferecendo aulas e retiros, ou informalmente, por meio de conversas informais e convites particulares. Imagine como seria diferente a experiência dos visitantes na grande igreja urbana do meu amigo se os anciãos convidassem os novos membros para jantar, para passeios particulares ou para aulas sobre como a igreja cria seu ativismo. A comunidade certamente se tornaria mais forte.

Como cineasta em Nova York, participei de vários grupos de documentários. Fui a eventos sociais, exibições e painéis de apresentação. Eu queria desesperadamente crescer como cineasta e absorver a sabedoria que vem da experiência de um documentarista internacional. Eu não sabia o que não sabia. Mas eu sabia que só poderia acessar isso conversando com veteranos. Você pode imaginar como eu ficaria desapontado se tivesse participado desses eventos e os veteranos estivessem separados dos novos cineastas por uma corda vermelha, um passe de acesso total e um sorriso de superioridade. Felizmente, não foi assim que aconteceu. Tive conversas fantásticas e transformadoras com cineastas em saguões, durante jantares e em filas de cinema.

Muitos de nós compartilhamos objetivos bastante universais. É possível que você tenha uma comunidade que pareça apenas um grupo de amigos, pessoas que moram perto umas das outras ou pessoas que são parentes. Você pode achar que a comunidade que tem ou deseja construir não está ajudando em nenhum crescimento, sucesso ou desenvolvimento de habilidades específicas. Você pode estar certo; eu não conheço o seu grupo.

Considere que, mesmo que vocês não tenham se reunido originalmente para desenvolver um conjunto de habilidades, existem alguns objetivos comuns na vida que cada membro trouxe para a sua comunidade, e sua comunidade está ajudando a alcançá-los. Quase todo mundo quer alcançar alguma combinação dos dois objetivos a seguir. Nesse contexto, eles não são bons nem ruins. São simplesmente coisas com as quais nos preocupamos sem nem mesmo saber por quê na maioria das vezes. Se sua comunidade pode ajudar outras pessoas a lidar com um ou ambos, ela está prestando um grande serviço.

O primeiro objetivo é pertencer, ser bem-vindo em algum lugar e se conectar com outras pessoas. Em 1943, Abraham Maslow escreveu a respeito de uma teoria psicológica sobre a hierarquia das necessidades. Ela é amplamente usada para entender as prioridades das pessoas. A teoria coloca "amor e pertencimento" no meio da hierarquia.[3] Em outras palavras, depois de abrigo, comida e segurança, precisamos de amor e pertencimento, que são ainda mais essenciais do que estima e autorrealização.

Os psicólogos Roy Baumeister e Mark Leary escrevem: "A hipótese do pertencimento é que os seres humanos têm um impulso generalizado de formar e manter pelo menos uma quantidade mínima de relacionamentos interpessoais duradouros, positivos e significativos." Em outras palavras, conexões profundas são importantes. Baumeister e Leary não são os primeiros psicólogos a afirmar que o pertencimento é importante, mas eles acrescentam uma nuance: que o pertencimento é criado por meio de "interações frequentes, além de cuidado persistente".[4]

Pode ser que desejemos tanto pertencer a um grupo que acabamos nos conformando com ele simplesmente para não nos destacarmos. Em 1951, o psicólogo Solomon Asch colocou indivíduos em um grupo que conspirou para afirmar erroneamente qual linha desenhada parecia corresponder às outras linhas em um conjunto de três. Três dos quatro participantes se conformaram com o grupo e concordaram com o que sabiam ser errado.[5] Nosso desejo de pertencer pode ser tão forte que negamos o que acreditamos ser verdade.

O medo que muitos de nós sentimos no ensino fundamental, quando sabíamos que não nos encaixávamos e nos perguntávamos se algum dia nos encaixaríamos, nunca desaparece completamente para a maioria de nós. Pode estar incorporado em nossa natureza. Tenho melhorado em lembrar que tenho amigos e familiares que me apoiam e torcem pelo meu sucesso. Apesar disso, o pânico de não ser bom o suficiente, de nunca ser totalmente aceito, de talvez ser excluído ou visto como uma fraude, às vezes ainda me assombra. Todos os dias, quero saber que me encaixo em algum lugar e que pertenço a ele.

O segundo objetivo é contribuir para alguém ou algo. Mesmo nos estágios iniciais da psicologia, um dos seus pais fundadores, Alfred Adler, postulou que "os únicos indivíduos que podem realmente enfrentar e dominar os problemas da vida (...) são aqueles que demonstram em seus esforços uma tendência a enriquecer todos os outros".[6] Não é apenas que muitos de nós queremos contribuir. Contribuir realmente nos ajuda a ser saudáveis e a nos sentir melhor.

Uma pesquisa social realizada por Carolyn Schwartz e seus colegas indica que "tanto ajudar os outros quanto receber ajuda foram preditores significativos da saúde mental (...) (e) dar ajuda foi um preditor mais importante de melhor saúde mental do que receber ajuda".[7] Em um estudo realizado por William Harbaugh e seus colegas da Universidade de Oregon, os pesquisadores colocaram os participantes em uma máquina de ressonância magnética funcional e pediram que decidissem como dividir o dinheiro entre eles e um banco de alimentos local. A pesquisa indicou que doar dinheiro para instituições de caridade ativa os mesmos centros de prazer do cérebro que são ativados com a exposição à cocaína, à arte e a rostos atraentes.[8] Por fim, uma pesquisa realizada por Baumeister e colegas descobriu que ser generoso estava positivamente relacionado à experiência de significado, enquanto ser egoísta diminuía essa experiência.[9]

Ao longo dos anos, conversei com milhares de pessoas em cinco continentes. Algumas são quase miticamente bem-sucedidas e famosas internacionalmente. Outras não têm acesso a comida suficiente. Riqueza e geografia não fazem diferença na vontade de fazer a diferença. Se sua comunidade ajuda seus integrantes a fazer uma diferença maior ou melhor, então ela tem um valor tremendo. Isso por si só pode ser o valor agregador de muitas comunidades. A Byron Fellowship é um ótimo exemplo de uma comunidade formada explicitamente para apoiar o crescimento dos integrantes. Por mais de vinte anos, a organização reuniu cerca de vinte e cinco líderes de transformação social de todo o mundo e de áreas muito diversas para um workshop de uma semana. Nessa experiência, eles aprendem a esclarecer suas intenções, suas visões para o mundo e seus próximos passos durante um treinamento intensivo isolado. Após a semana, os participantes e os "mentores" (instrutores) integram a comunidade da organização por meio de eventos e projetos auto-organizados e mantêm contato por meio de uma comunidade online. Alguns bolsistas passam a ser voluntários em treinamentos futuros e outros retornam para liderar partes dos workshops de uma semana.

Os participantes passam a apoiar uns aos outros enquanto criam programas, desenvolvem suas estratégias e assumem metas de arrecadação de fundos. A organização foi fundada por Mark Boyce e Gabriel Grant, que se conheceram na Universidade de Indiana, onde trabalharam para expandir a educação sobre sustentabilidade muito além das ofertas atuais. Eles descobriram uma paixão mútua por criar uma experiência educacional de laboratório vivo. Se e quando a comunidade não ajudar mais esses integrantes a crescer, fazer a diferença ou saber que se encaixam em algum lugar, a adesão será dissolvida.

Em uma ocasião notável, a Byron Fellowship falhou dolorosamente em enriquecer os participantes como pretendido. Os diretores mudaram a programação para envolver mais mentores. Nesse processo, os objetivos maiores do plano nunca foram efetivamente compartilhados com os mentores. As conversas nas reuniões de planejamento e nas avaliações das sessões giravam em torno de manter a programação em andamento. A programação era exaustiva para todos os envolvidos. Os dias pareciam uma corrida.

No quinto dia, os novos integrantes convocaram uma conversa comunitária não programada, na qual expressaram sua insatisfação. Eles se sentiam, com razão, apressados. Eles não se sentiam confiantes de que teriam tempo suficiente para debater as ideias apresentadas ou para construir as relações que desejavam uns com os outros. Em suma, eles entraram em greve e se recusaram a continuar com o cronograma planejado. A boa notícia é que os diretores responderam a essas preocupações e os dias restantes foram reprogramados com toda a turma em conversa. O evento também provocou uma reflexão profunda sobre o que o programa estava tentando criar durante a semana e uma tentativa de encontrar o que estava obviamente faltando para alcançar esse objetivo.

Menciono essa experiência porque é um ótimo exemplo de liderança que pretende agregar mais valor aos membros, mas, no final, faz o contrário. Gabriel reuniu os integrantes, convidou instrutores, preparou apresentações e programou viagens de campo, mas não conseguiu ajudá-los a crescer da maneira que eles queriam naquela semana. Nesse caso, Gabriel aprendeu que era necessário mais tempo para reflexão e relacionamento entre os participantes.

O programa mudou para a próxima turma. Essa quebra na participação não aconteceu novamente.

Crescimento externo e interno

As comunidades oferecem crescimento externo e interno. Quase todas as comunidades ensinam aos integrantes algumas habilidades externas. Elas podem ser tão variadas quanto pedir carona pela África, dar jantares nos Estados Unidos ou criar uma vizinhança mais solidária. As comunidades mais fortes também ensinam seus integrantes a melhorar a saúde interna, incluindo o crescimento emocional e mental que não pode ser aprendido em livros ou vídeos.

Minha amiga Alison é ativa em uma comunidade de meditação em São Francisco. Ela começou a frequentar as sessões noturnas para aprender a meditar, incluindo a postura correta, a cadência da respiração e como programar o tempo de prática. Ela aprendeu a se concentrar na respiração, a visualizar seu corpo cheio de luz branca e a criar meditações curativas. Quanto mais ela participava, mais suas habilidades cresciam. Mas muito mais importante foi seu crescimento pessoal — ela começou a perceber seus próprios desejos e orgulho pessoal. Quanto mais ela percebia isso, mais calma e satisfeita se sentia. Isso deu a ela uma nova maneira de se relacionar e se conectar com as pessoas. Esse crescimento interno não poderia ser aprendido em um livro. Ninguém no grupo fica realmente impressionado se ela agora consegue ficar sentada por horas a fio. Suas mudanças internas, mesmo que momentâneas, representam a marca do verdadeiro crescimento.

Meu amigo Bjorn foi escoteiro por muitos anos. Ele aprendeu muitas habilidades técnicas, como dar nós, fazer fogueiras e tratar ferimentos. Oficialmente, ele avançou com base em suas habilidades técnicas, pelas quais recebeu medalhas de mérito. Mas Bjorn agora vê que o verdadeiro crescimento foi aprender a viver de acordo com seus valores. Ele entende que o verdadeiro valor foi apoiá-lo a se tornar uma pessoa que busca ajudar os outros e permanecer fisicamente forte, mentalmente alerta e moralmente comprometido. Não é surpresa para ele que esses sejam os princípios delineados no juramento dos escoteiros.

Esse crescimento verdadeiro nunca poderia ter sido aprendido nos manuais dos escoteiros. Ele cresceu com o tempo, no relacionamento com os mentores escoteiros e colegas em uma jornada semelhante. Nas comunidades que você valoriza, você pode reconhecer habilidades que aprendeu e que qualquer pessoa poderia obter em um livro ou com muita prática.

Espero que você também reconheça como as comunidades moldaram seu caráter e sua maturidade. Esse é o valor que torna uma comunidade muito mais rica do que uma coleção de manuais de instruções ou uma série de aulas. As comunidades proporcionam o tempo e o espaço para que esse crescimento interno aconteça entre amigos.

Comunidades fortes ensinam conhecimento esotérico. Em comunidades maduras, existem pelo menos dois tipos de "conhecimento interno" que são destinados apenas ou verdadeiramente compreendidos por pessoas de dentro. O primeiro tipo eu chamo de *dados*. São informações compartilhadas apenas com pessoas que são consideradas como tendo as intenções, a integridade e os valores certos. Por exemplo, conheço um grupo profissional de mulheres de negócios que compartilha informações salariais com outras integrantes para que todas possam entender como as mulheres são remuneradas em sua área. O objetivo é ajudar mulheres profissionais em ascensão a negociar salários adequados quando chegar a hora. Também sei que meu amigo Joel, que trabalha em busca e resgate, conhece códigos, locais de encontro e protocolos de segurança compartilhados apenas com socorristas credenciados.

Há também um tipo mais poderoso de conhecimento interno que indica pertencimento. Eu chamo isso de *percepção*. A percepção surge quando os integrantes *aprendem*, seja por meio de ensinamentos explícitos ou da experiência, que certas coisas não são o que parecem para quem está de fora. O acesso a essa percepção transcendente é uma das joias da participação (formal ou informal). Lembre-se de *Karatê Kid*: o karatê para autodefesa parecia movimentos extravagantes, agressividade e arrogância, mas Daniel aprendeu que o verdadeiro karatê inclui crescimento em humildade, determinação, disciplina e respeito pela tradição e pelo mestre ancião. Anteriormente, expliquei como os rituais podem parecer bobos para quem está de fora, mas significativos para quem integra a comunidade. É o conhecimento transcendente que permite aos integrantes apreciar o que os de fora não conseguem entender.

Por exemplo, minha amiga Emily participa dos Vigilantes do Peso. Ela sabe que perder peso não é simplesmente comer menos, como os de fora geralmente acreditam. Os integrantes dos Vigilantes do Peso sabem que alcançar e manter um peso saudável inclui trabalhar para compreender e aceitar a autoestima, a identidade pessoal, os sentimentos, as expectativas e a disciplina diária. Existem níveis de saúde emocional e mental que devem ser abordados para o sucesso a longo prazo.

Depois, há minha amiga Patricia, que faz parte de um grupo de contação de histórias em sua cidade. Os integrantes sabem que as histórias mais poderosas são vulneráveis e criam conexões fortes e valiosas. Os contadores de histórias precisam de um espaço privado, seguro e respeitoso para se expressarem plenamente, a fim de emocionar e inspirar os ouvintes. Quem está de fora pensa que contar histórias é entretenimento e habilidade com as palavras.

Eles não conseguem entender por que os integrantes compartilham histórias vulneráveis com pessoas que não conhecem. Meu amigo Joel, que é adestrador de cães de busca e resgate, me disse que as pessoas de fora acham que o trabalho dele é divertido e emocionante. Mas quem está por dentro sabe que o desempenho dele e de seus cães e as escolhas que faz são fundamentais para a vida de alguém quando as chamadas chegam. É muito complicado considerar como alguém se comporta quando está perdido e encontrar informações relevantes. Quem está procurando sente uma enorme responsabilidade. O trabalho é sério e envolve longas horas no frio.

Espero que você entenda como os círculos internos podem ser importantes e sofisticados para uma comunidade em crescimento. É fácil criar uma série de círculos sem sentido para glorificar os integrantes. É muito mais rico e gratificante criar círculos que servem e ajudam os integrantes a amadurecer. Quem não quer compartilhar seu tempo com pessoas que nos ajudam a nos tornarmos quem aspiramos ser?

Parte 3

Ideias Avançadas

9

Distinguir o que é Religião e Evitar Seitas

Os princípios deste livro têm sido usados em tradições espirituais e religiosas há milênios. Estou confiante de que você reconhece como esses princípios se manifestam nas organizações espirituais que conhece. Eu presumo que você aspire construir algo que não seja uma seita e provavelmente não seja sua própria religião. Embora seja verdade que tanto as tradições religiosas quanto as seitas nocivas utilizam muitos dos princípios que descrevi, você pode mergulhar na sabedoria da tradição religiosa e ainda assim construir algo muito diferente. Embora quase todos os cães tenham cauda, colocar uma cauda em algo não o torna um cão.

Características comuns das principais religiões

Definir especificamente o que é e o que não é uma religião é, por si só, um desafio. Existem comunidades cuja identidade como grupo religioso é discutível. Por exemplo, embora o budismo seja considerado uma das cinco principais religiões do mundo e esteja incluído nos departamentos de estudos religiosos das universidades, conversei com monges budistas que não consideram sua tradição uma religião. No entanto, dentro de um amplo consenso, as comunidades religiosas normalmente têm maneiras específicas de incluir as quatro características a seguir.

Em primeiro lugar, elas têm um mito de origem para o universo. A tradição religiosa tem uma história literal ou poética sobre como o universo foi criado. Essa história informa a natureza da retidão moral e o significado (ou a falta dele) de nossas vidas. Os mitos religiosos de origem muitas vezes não são interpretados literalmente. Tais mitos são considerados poéticos. Com isso, quero dizer que a história transmite uma verdade moral por meio de temas e metáforas. Esse pode ser o caso quando se acredita que a verdadeira natureza do sobrenatural está além da compreensão de nossas mentes limitadas e, certamente, de nossa linguagem. As histórias frequentemente nos lembram de que temos uma origem e de que estamos vinculados a uma comunidade global que remonta a muito antes de nossa memória. Esse mito de origem universal é diferente da história literal e verdadeira da origem de uma comunidade. Espero que a história da origem da sua comunidade limite a criação à sua comunidade e não a todos os seres do universo.

Em segundo lugar, há uma *cosmologia específica*, em termos gerais. Uma cosmologia é um conjunto de pensamentos, doutrinas ou entendimentos sobre a ordem natural do universo: que o universo foi criado por Deus, ou é inteiramente uma ilusão, ou é a manifestação de formas sobrenaturais às quais não temos acesso. Assim como o mito da origem, as descrições cosmológicas são frequentemente metafóricas. A cosmologia nos ajuda a entender nosso lugar no mundo, mesmo que esse entendimento seja limitado e poético. Embora os integrantes frequentemente compartilhem uma cosmologia (e imagino que muito raramente discutam isso como tal), a maioria das comunidades das quais você participará não defenderá uma cosmologia específica.

Em terceiro lugar, existe *uma fonte consensual de verdade moral*. Qualquer tradição religiosa concorda com alguma entidade ou ideia que aponta para a verdade moral. Um exemplo disso pode ser como entender quando nossas próprias ações são morais ou imorais. Mesmo em comunidades espirituais, esse entendimento geralmente compartilhado da verdade moral raramente torna as escolhas morais importantes fáceis ou claras, mas as tradições pelo menos fornecem uma fonte à qual os membros podem recorrer. Isso é diferente de simplesmente concordar sobre quais escolhas relevantes são morais ou imorais. Em comunidades seculares, os integrantes compartilham algum senso de acordo moral (para que possam conviver). Raramente você compartilhará um apontamento sobre o que constitui a retidão moral universal. É perfeitamente aceitável escolher o que é justo e bom para o seu trabalho e para as questões com as quais você está lidando. Isso pode significar concordar sobre como demonstrar respeito, honestidade e apoio. Você não precisa concordar sobre o que torna as coisas morais em nome do cosmos.

Por fim, existe uma epistemologia específica, ou *uma maneira de identificar a verdade*. A epistemologia é a teoria do conhecimento — como sabemos o que é verdadeiro. Todos têm uma maneira geral de saber como reconhecer a verdade. Seja o que for que você entenda como verdadeiro, há uma maneira pela qual você passou a acreditar nisso. Você pode não estar ciente de que tem sua própria maneira de decidir o que é verdadeiro. A epistemologia não é apenas para religiões. Você pode crer que as coisas são verdadeiras simplesmente porque alguém que você respeita lhe disse (um professor) ou porque você viu algo e sua interpretação disso é tudo o que você precisa. Para religiões que incluem a crença em um reino sobrenatural, existem maneiras pelas quais a verdade sobrenatural nos é revelada no mundo material. Como isso é revelado é assunto para outro livro. É improvável que sua comunidade crie uma cosmovisão que instrua os integrantes sobre como saber fundamentalmente o que é verdadeiro.

Características comuns de uma seita nociva

As seitas também são difíceis de definir de forma evidente. O termo teve muitos significados ao longo dos últimos três séculos e, hoje em dia, é usado de forma muito diferente nos estudos religiosos e na linguagem coloquial. O termo é frequentemente usado de forma pejorativa para descrever grupos que os outros temem ou simplesmente não gostam. Para os meus propósitos aqui, estou incluindo características de seitas nocivas que podem levar as pessoas a fazer coisas que antes considerariam horríveis — até mesmo a prejudicar a si mesmas ao longo de meses ou anos. Se você evitar as características que listo, poderá evitar com segurança a criação de uma seita. Se lembrarmos que o mais importante em uma comunidade é servir aos integrantes para enriquecer suas vidas e conectá-los a um mundo dinâmico, então podemos ver como essas características podem facilmente afastar os integrantes desse objetivo.

Para maior clareza, deixe-me explicar que só porque os integrantes do grupo se vestem e falam da mesma forma, passam muito tempo juntos, falam sobre o quanto amam a comunidade e convidam outras pessoas a participar, isso não os torna parte de uma seita. Isso poderia descrever muitas bandas marciais de escolas secundárias ou uma cooperativa de mercearia no Brooklyn. Uma verdadeira seita prejudicial tem um padrão muito mais elevado (ou mais baixo).[1]

A autoridade moral absoluta reside apenas no líder. O líder tem acesso superior inquestionável e irrefutável à verdade moral. Isso significa que tudo o que o líder afirma é certo: os seguidores não podem ter nenhuma discussão significativa sobre sua veracidade.

A liderança não presta contas a ninguém. O líder não presta contas a nenhuma autoridade superior. Isso difere dos ministros, monges ou rabinos das religiões tradicionais, que têm órgãos superiores que podem avaliá-los e restringi-los.

É necessário um compromisso incondicional com o líder. Os integrantes devem demonstrar um compromisso incondicional com o sistema de crenças, a ideologia e a verdade do líder. Se falharem, serão rejeitados. Isso é muito diferente do simples acordo de um grupo sobre uma ideologia geral ou um sistema de crenças. Essa característica diz respeito à incapacidade dos integrantes de questionar ou reconsiderar o que o líder ensina. Expressões de dúvida ou dissidência são punidas.

O isolamento do mundo exterior é incentivado. Os integrantes são incentivados a cortar os laços com a comunidade externa, incluindo familiares e amigos. Esse isolamento é acompanhado por um forte incentivo para socializar ou viver apenas com integrantes da seita. Isso é muito diferente de uma comunidade cujos integrantes simplesmente optam por passar muito tempo juntos.

As barreiras de saída são altas. O grupo torna difícil — e, às vezes, impossível — a saída. Isso pode ser feito por meio de ameaças físicas, emocionais ou psicológicas, chantagem ou manipulação financeira. Em uma comunidade saudável, os integrantes podem sair sempre que decidirem que seus valores não estão mais alinhados com os dos outros integrantes do grupo.

A cosmovisão é polarizada. O grupo tem uma mentalidade de "nós contra eles" em relação ao mundo. Isso é o oposto de uma perspectiva comunitária saudável, que se considera parte de um mundo dinâmico e busca enriquecer o mundo com seu trabalho e seus ensinamentos.

A permissão moral final reside dentro do grupo. O grupo acredita que seu status excepcional e seus objetivos importantes justificam quaisquer meios que os integrantes escolham para atingir seus objetivos. Isso inclui atividades que os integrantes considerariam antiéticas, repreensíveis ou ilegais antes de ingressarem no grupo.

A obsessão pelo crescimento do grupo é fundamental. O grupo está focado em adquirir novos integrantes, em vez de enriquecer a vida dos integrantes atuais ou alcançar outros objetivos.

Se essas características não fazem parte da sua comunidade e você não tem intenção de incluí-las, então provavelmente está construindo algo muito diferente de uma seita nociva.

Recursos saudáveis para uma comunidade forte

Quando você elimina as características nocivas encontradas nas seitas, o que você encontra é uma lista de características positivas que as melhores comunidades possuem. Seu desafio é encontrar maneiras de fortalecer essas características em suas comunidades.

O líder tem autoridade moral limitada. Todos os integrantes têm algum entendimento sobre autoridade moral. Eles podem questionar a verdade moral em ações ou ideias. Discussões respeitosas sobre temas controversos são entendidas como importantes e necessárias. Quando um líder ultrapassa os limites da moralidade, os outros podem removê-lo, denunciar a ação e corrigir o que deve ser corrigido.

O compromisso com o líder é limitado e contextualizado com outros compromissos na vida do integrante. O seu compromisso com o sistema de crenças, ideologia e verdade do líder é limitado e contextualizado por outros compromissos e valores. Isso pode incluir família, trabalho e valores e compromissos espirituais. Um grupo pode simplesmente concordar com uma ideologia geral ou um sistema de crenças e também explorar questões que confrontam o sistema de crenças ou a ideologia. A dissidência é bem-vinda, desde que seja respeitosa e permita que o grupo funcione para servir aos integrantes.

Há envolvimento com o exterior. Os integrantes são incentivados a se envolver, enriquecer e participar da comunidade externa, incluindo familiares e amigos externos. O que quer que eles obtenham de sua comunidade interna também enriquecerá as partes de suas vidas que acontecem fora da comunidade. Se os integrantes de uma comunidade passam muito tempo juntos, há a consciência de que as relações familiares e as amizades externas também são importantes e precisam de atenção.

A saída é sempre possível. Os integrantes podem sair sempre que perceberem que seus valores não estão alinhados com os do grupo. Eles sabem como podem sair. Isso pode incluir nunca mais participar das reuniões. Os integrantes nunca são ameaçados por saírem, embora os integrantes restantes possam ficar desapontados e expressar isso respeitosamente.

Há uma cosmovisão conectada. O grupo se vê como parte de um mundo dinâmico maior e busca enriquecê-lo com seu trabalho e seus ensinamentos. Isso pode incluir esforços de serviço global ou simplesmente esforços locais para criar amizade e conexão.

A liderança tem responsabilidade. O líder é responsável perante uma autoridade superior. Isso pode incluir um grupo formal ou informal de anciãos, financiadores ou os integrantes em geral. Isso é semelhante à forma como ministros, monges e rabinos das religiões tradicionais estão sujeitos a órgãos superiores que podem avaliá-los e restringi-los quando seu comportamento foge dos valores da comunidade.

Há permissão moral limitada. O grupo acredita que seu status como parte de um mundo dinâmico significa que deve considerar a correção moral de suas ações e objetivos. O grupo sabe que os limites morais aplicados no mundo exterior também limitam suas próprias ações internas.

O crescimento do grupo é uma prioridade igual às outras. O grupo acolhe novos integrantes que compartilham seus valores. Isso inclui discutir valores, convidar à participação e compartilhar como se tornar integrante. O crescimento do número de integrantes não é mais importante do que servir os integrantes existentes e nunca é importante o suficiente para mentir, enganar ou coagir visitantes a se juntarem ao grupo. O grupo acredita que apenas visitantes que são honestamente inspirados pela adesão e pelos valores reais da comunidade são adequados para se tornarem integrantes.

As características de Ostrom

Ao considerar um crescimento comunitário organizado mais sofisticado, você pode querer dar uma olhada no trabalho de Elinor Ostrom. Ela foi uma economista política ganhadora do Prêmio Nobel que identificou as características necessárias para manter um recurso comunitário estável.[2] Essa sabedoria se aplica a muitas das comunidades que você desenvolverá. Embora o trabalho de Ostrom se sobreponha às ideias que já compartilhei, ele se concentra mais na gestão comunitária de longo prazo do que na criação de pertencimento e vale a pena explorar mais a fundo para aplicações adicionais.

Oito características de uma comunidade sustentável:

1. Existe uma identidade de grupo clara, com limites e objetivos compreensíveis. Os integrantes sabem quem está dentro ou fora da comunidade e por que estão juntos.
2. Os custos e benefícios são proporcionais. Os integrantes têm um sistema que recompensa a contribuição. O privilégio de obter mais benefícios do que os outros deve ser conquistado, ou o grupo entrará em colapso.
3. As decisões são tomadas em conjunto. Os integrantes tomam decisões de maneiras que reconhecem como justas. Isso não significa necessariamente por consenso ou simplesmente por votação. Significa que há participação do grupo.
4. Os infratores ou aproveitadores são monitorados de forma eficaz. Se os integrantes não confiam que os outros vão obedecer às regras, eles perderão a fé na comunidade.
5. Existem sanções graduais para aqueles que desrespeitam as regras da comunidade. Pequenas violações recebem pequenas sanções. Grandes violações recebem punições severas.

6. Existem mecanismos de resolução de conflitos baratos e de fácil acesso. Os conflitos podem ser resolvidos rapidamente e de maneiras que os integrantes consideram justas.
7. As pessoas devem ter permissão para se organizar por seus próprios motivos. Se forem proibidas de fazê-lo, isso limita o terceiro princípio (tomar decisões em conjunto).
8. Para os grupos que fazem parte de grupos e redes maiores, deve haver coordenação entre os grupos relevantes. Algumas atividades são melhor tratadas em pequenos grupos, e outras podem exigir o envolvimento de muitas pessoas. É importante que o grupo tenha o tamanho certo — nem muito grande nem muito pequeno — para lidar com o que for necessário.

Descobrir como os princípios de Ostrom se aplicam à sua situação levará tempo e será diferente para cada grupo. Sua sabedoria é um excelente ponto de partida para aqueles que estão aprendendo a gerenciar grandes comunidades.

10

Diferentes Tipos de Sucesso

Anteriormente, quando tratei dos círculos internos progressivos e do diaconato, mencionei que é importante que nosso domínio de preocupação se expanda à medida que avançamos para os círculos internos e ganhamos mais privilégios. Aqui, quero observar que há perigo em convidar pessoas com uma orientação egoísta para assumir funções de autoridade. Existem pelo menos três maneiras pelas quais as pessoas buscam o sucesso: maximização relativa, maximização pessoal e maximização comunitária. Em nossas próprias vidas, podemos adotar qualquer uma dessas orientações em momentos diferentes e em diferentes áreas de nossas vidas. A maneira como cada um de nós busca o sucesso no trabalho, na família ou por meio da filantropia pode ser muito diferente.

Alcançando o sucesso relativo

Quando buscamos o sucesso relativo, simplesmente queremos ser melhores do que as outras pessoas – provavelmente melhores do que todos os outros. Embora, em princípio, isso não seja uma má ideia, na prática significa que podemos procurar otimizar nosso sucesso fazendo com que os outros ganhem menos. Podemos até aceitar ganhar menos para nós mesmos, desde que nosso sucesso relativo continue sendo maior do que o dos outros. Embora o sucesso de outras pessoas possa até mesmo aumentar o meu, ele parecerá uma ameaça para mim. Ficarei chateado simplesmente porque outra pessoa tem (ou pode ter) mais sucesso do que eu, seja qual for o padrão que eu considere importante.

Como exemplo, imaginemos que um grupo de nós saiu para colher maçãs. Para tornar a atividade mais divertida, criamos o jogo "quem consegue colher mais maçãs hoje". Buscando o sucesso relativo, estou interessado apenas em colher mais maçãs do que você ou qualquer outra pessoa do nosso grupo. Portanto, eu não teria problema em me comportar "mal", talvez escondendo baldes de maçãs de você.

Como você pode imaginar, essa orientação significa que não estou muito interessado em cooperar ou agir generosamente, a menos que eu saiba que posso ter mais sucesso do que você se cooperarmos. A maioria de nós não quer seguir pessoas que se relacionam conosco escondendo nossos baldes de maçãs. Aqueles que buscam o sucesso relativo podem se orgulhar dos ganhos de curto prazo, mas, a longo prazo, essa orientação impede a construção de relacionamentos fortes e íntimos nos quais podemos confiar quando as coisas ficam difíceis. Também é exaustivo tentar vencer todos os outros para ganhar coisas.

Alcançando o sucesso pessoal máximo

Os maximizadores pessoais simplesmente querem ter o máximo de sucesso possível. Não se importam se os outros também têm o mesmo sucesso ou até os superam na tarefa. Isso significa que a cooperação é bem-vinda, desde que aumente o seu próprio sucesso. Usando o exemplo da colheita de maçãs, eu ficaria feliz em trabalhar junto com o resto do grupo, dividindo responsabilidades como colher, mover escadas e carregar baldes, desde que, no final do dia, minha parte tivesse aumentado.

O lado negativo da maximização pessoal é que ela ainda é uma orientação fundamentalmente egoísta. Assim que eu achar que a cooperação não me beneficia, vou parar. Isso significa que, quando as coisas ficarem difíceis ou mesmo incertas, a cooperação será frágil. Você quer passar por momentos difíceis, conversas difíceis e decisões difíceis com alguém que está sempre calculando se vai desistir porque as previsões não parecem favoráveis? Provavelmente não.

Alcançando o sucesso maximizador da comunidade

Os maximizadores do sucesso da comunidade farão o que for necessário para que o grupo tenha sucesso. Nessa orientação, não necessariamente priorizamos quem dentro do grupo ganha mais, desde que maximizemos o sucesso total do grupo. Isso significa que não apenas a cooperação é bem-vinda, mas também estou disposto a reduzir meu próprio sucesso pessoal (sacrifício) para que o grupo possa ganhar mais. O quanto vou sacrificar depende de mim. Essa é uma forma generosa de participar. Quer eu prejudique meu próprio sucesso ou não, esse compromisso é inspirador. Ao colher maçãs, vou levar os outros de um lado para outro da estrada se isso ajudar mais o grupo, mesmo que minha contagem pessoal de maçãs diminua.

Mas os maximizadores da comunidade não precisam necessariamente reduzir seu próprio sucesso ou se tornar mártires. Na verdade, eles podem perceber com precisão que, a longo prazo, maximizar o sucesso da comunidade cria uma comunidade que os apoia e cuida deles como uma extensão das amizades e conexões que desenvolveram. Além disso, trabalhar para o sucesso da comunidade pode realmente levar ao melhor sucesso pessoal. O importante é que os maximizadores da comunidade estão dispostos a participar, até mesmo liderar, embora outros possam aparentemente ganhar mais. Meu palpite é que, quando tempos difíceis chegarem (e eles sempre chegam), os maximizadores da comunidade terão os relacionamentos que os sustentarão nos piores dias, porque eles têm uma comunidade autêntica de apoio.

Os maximizadores da comunidade não são apenas otimistas ingênuos. Eles podem reconhecer intelectual ou intuitivamente o que levou mais de cem anos da ciência evolutiva ocidental para resumir da seguinte forma: "Um grupo de cooperadores pode superar robustamente um grupo cujos integrantes não conseguem se unir."[1] O egoísmo pode oferecer vantagens quando os indivíduos estão competindo entre si, mas, quando os grupos (comunidades) estão trabalhando para sobreviver ou competindo, a generosidade (também conhecida como altruísmo) fornece poder.[2] Dito de outra forma, é a cooperação que fornece o poder para superar os desafios para comunidades de qualquer tipo (não apenas colhedores de maçãs).

Quando alguém está disposto a abrir mão do seu tempo, lucros, oportunidades ou qualquer outra coisa pelo sucesso dos outros, isso é generosidade. Na Parte 1, discuti brevemente a generosidade como um ingrediente essencial de todas as comunidades bem-sucedidas. Espero que agora você reconheça melhor por que ela é essencial. A generosidade que você espera e está disposto a contribuir é o que faz com que valha a pena participar das comunidades que você ama. Na verdade, nunca vi uma comunidade bem-sucedida construída com base na suposição de que os integrantes são estritamente egoístas e buscam maximizar seus próprios interesses. O tipo de comunidade da qual quero fazer parte sabe que as pessoas estarão presentes nos piores dias, não importa o que aconteça. Não haverá cálculo de custo-benefício para uma visita ao hospital, um aperto de mão ou uma vigília noturna.

Outros também podem ganhar quando buscamos tipos de sucesso relativos ou de maximização pessoal, mas isso é um efeito colateral ou até mesmo um acidente. Medir o sucesso no mundo real, ao contrário dos jogos de colheita de maçãs, pode ser difícil. Nas comunidades, podemos nos preocupar com o acesso a coisas, popularidade, títulos e qualquer prestígio que possamos ganhar.

Podemos observar cuidadosamente quem estamos incentivando ou apoiando para assumir a liderança e considerar que tipo de sucesso eles buscam em uma comunidade. Não precisamos encontrar apenas os líderes mais abnegados e puros de coração (se é que podemos encontrá-los). Podemos considerar que tipos de sucesso nossos líderes estão buscando e como essa busca enriquecerá toda a comunidade. Eu prometo que, quando você tem líderes relativamente em busca de sucesso, isso deixa de ser divertido para os integrantes. Quem quer seguir alguém que busca o sucesso às suas custas? O coração da coesão da comunidade fica ameaçado.

Para aqueles que parecem presos a uma orientação egoísta para o sucesso, esta seção pode ser difícil de entender. Na verdade, eles podem nem acreditar que existam pessoas que fazem coisas para o sucesso da comunidade quando isso pode prejudicar seu próprio sucesso pessoal. Eles não acreditam que somos honestos quando dizemos que queremos ver os outros vencerem. Eles se perguntam qual é o nosso motivo oculto. Mas o que fazemos para apoiar os outros pode voltar para nós em forma de boa vontade, um favor retribuído ou um convite futuro. É assim que o mundo funciona.

Você mesmo provavelmente já fez muitas coisas na vida pelas quais tinha certeza de que não receberia nada em troca. Se fez isso porque se importa com o bem-estar das outras pessoas, você compartilhou um pouco de generosidade. Para muitos de nós, essas são as melhores partes de nossas vidas.

Uma de suas tarefas como líder tribal que deseja servir e enriquecer os outros é encontrar e recompensar a liderança que está verdadeiramente comprometida com o sucesso da comunidade. Isso não significa que os verdadeiros líderes comunitários nunca ganham com sua participação. Significa simplesmente que você busca pessoas que se importam com os outros e que podem deixar de lado pelo menos uma parte de seu ego e desejos quando reúnem as pessoas.

Ideia avançada

Lembre-se de que os melhores anciões principais se preocupam não apenas com os integrantes da comunidade, mas também com aqueles que estão fora dela. O limite de nossa preocupação deve ditar os limites de nossa autoridade. Por exemplo, se eu me preocupo apenas com o sucesso e o bem-estar do meu próprio clube municipal, então não devo exercer autoridade sobre a organização nacional. Quando podemos considerar o mundo inteiro como a comunidade que buscamos servir, então transcendemos o egoísmo sectário. Essa é uma meta elevada. Para mim, fico muito feliz quando descubro que não sou um idiota egoísta na maior parte do tempo. Uma maneira avançada de pensar sobre progresso e maturidade em círculos internos avançados é expandir o grupo para o qual estamos dispostos a apoiar generosamente o sucesso. É perfeitamente normal que também sejamos enriquecidos nessa jornada.

11

Reunindo Sabedoria

A aceitação mundial dos sete princípios tem sido inspiradora e emocionante, à medida que tomo conhecimento dos eventos, equipes, famílias, organizações sem fins lucrativos e até mesmo escolas que compartilharam como os princípios ajudam a unir as pessoas. Ouço falar da diferença que o trabalho faz na vida das pessoas. Após a publicação original deste livro, Carrie Melissa Jones e eu lançamos outro livro sobre o tema comunidade, *Building Brand Communities*, destinado a abordar questões específicas enfrentadas por líderes que desejam construir comunidades conectadas a uma organização ou empresa, seja social, política, esportiva ou em qualquer outro nicho. Esse livro é um ótimo recurso para aqueles que buscam mais detalhes sobre o que é necessário para construir uma comunidade forte que possa crescer e incluir muitas pessoas.

Neste capítulo, compartilharei alguns conselhos sábios de práticas fundamentais que se mostraram profundamente úteis para aqueles que estão prontos para trabalhar e conectar pessoas importantes para eles. Isso é particularmente importante em nossa nova realidade, onde o tempo social presencial diminuiu drasticamente e aqueles que se esforçam para reunir as pessoas muitas vezes usam um pensamento contemporâneo e convencional equivocado. Eles estão criando resultados convencionais lamentáveis. Que este capítulo o inspire a dar os próximos passos com amor e confiança.

O poder do convite

Se ninguém está sendo convidado, então não vamos nos surpreender se ninguém participar. No meu trabalho, defino um *convite* como *um pedido para passar um tempo em que a pessoa convidada sabe que alguém se importa se ela comparecer.*

Em outras palavras, se os destinatários de um "convite" não sabem se alguém se importa se eles aparecerem, então eles não receberam um convite de verdade. Eles receberam um anúncio. Muitas pessoas ignoram os convites e esperam que a comunidade aconteça. Isso não ocorre. Pense em todas as comunidades que você valorizou ao longo dos anos. Alguém o convidou para uma experiência, não importa quão humilde, e isso fez a diferença. Exclua esses convites e você não teria se conectado com essas pessoas importantes.

Diversas pessoas e organizações enviam muitos, muitos anúncios, mas nenhum convite. Elas então ficam frustradas com a baixa participação e engajamento. Você sabe quem você é.

Para ser claro, não há nada de errado com anúncios. Eles simplesmente não são convites. Portanto, não devemos esperar que eles tenham o poder de formar uma comunidade, como teríamos se fossem convites reais.

Essa distinção não é ciência espacial. E o poder do convite inclui camadas que valem a pena explorar.

Os convites fazem a diferença mesmo quando as pessoas não os aceitam (em outras palavras, os nãos não importam)

Todo convite diz ao convidado que alguém acha que ele pertence ao grupo. Mesmo que ele não possa participar por motivos de saúde, compromissos familiares, geografia ou qualquer outra coisa. As pessoas apreciam convites porque cada convite lhes diz que alguém acha que elas pertencem ao grupo. Portanto, mesmo que todos os nossos convites sejam recusados, ainda assim fizemos a diferença no crescimento de uma conexão.

Ao convidar, alertamos os outros de que temos o poder de reunir as pessoas (por mais humilde que seja). Como o número de recusas não importa, não somos prejudicados por uma recusa. As pessoas gostam de convites autênticos, mesmo quando optam por recusar. Além disso, todos que recebem um convite aprendem que temos o poder de convidar. Mesmo que não haja um único sim, isso nunca muda nosso poder de convidar. As pessoas gostam de conhecer pessoas que têm o poder de reunir outras pessoas.

A repetição é importante

Não é nenhuma surpresa: as pessoas são ocupadas. Elas cuidam de familiares doentes, levam as crianças para atividades, alimentam as pessoas que são importantes para elas e muito mais. É provável que as pessoas que convidamos nem sempre estejam disponíveis quando queremos que elas estejam. É por isso que a repetição é importante. Se programarmos uma caminhada em um parque duas vezes por mês, uma vez por semana ou até mesmo uma vez por dia, poderemos fazer o convite de forma que a conexão esteja disponível quando as pessoas que cuidam de uma família doente tiverem um dia livre ou quando o trajeto habitual mudar. Quando uma pessoa com uma vida cheia de trabalho e obrigações tem um momento livre para se conectar, ela tem um novo convite para receber, porque nós continuamos a colocá-los à disposição.

Convites de anciãos são especialmente poderosos

Você já foi convidado para uma experiência por alguém que considerava um ancião por idade, experiência, posição, estima ou de qualquer outra forma? Acho que o convite significou muito para você. Um convite de um ancião diz aos outros que eles são vistos e apreciados por aqueles que consideram mais estimados. Isso é muito importante. Conduzi um workshop no Texas em que uma professora do primeiro ano ficou sem palavras ao *pensar* que um veterano com vinte anos de magistério a convidou para uma conversa de quinze minutos para saber o que a inspirou a ensinar.

Se estiver lendo este livro, você é um ancião para alguém. O mesmo se aplica a todos que você conhece. Há um mundo inteiro de pessoas que ficariam comovidas com um humilde convite seu para uma refeição compartilhada, uma caminhada ao ar livre ou uma breve conversa sobre algo que lhes interessa.

Convites para idosos podem abrir a porta para um relacionamento especial

Você já deve ter ouvido falar que, quanto mais subimos de cargo, autoridade e responsabilidade, mais solitária se torna a experiência. Infelizmente, já vi o quanto isso é verdade. Esse é um dos motivos pelos quais os convites feitos àqueles que consideramos mais velhos podem ter um poder de conexão particularmente potente. Um amigo chamado Gabe contou-me que, quando era estudante de pós-graduação, convidou o recém-nomeado reitor do departamento de sua universidade para compartilhar uma refeição caseira na pequena casa de Gabe. Gabe ficou surpreso quando o novo reitor aceitou. Gabe ficou ainda mais surpreso quando, durante o jantar, o reitor revelou que o convite de Gabe era o único não relacionado ao trabalho que ele havia recebido de alguém da universidade ou da cidade. Além disso, a família do reitor ainda não havia se mudado para se juntar a ele no novo emprego, portanto ele estava morando sozinho em uma nova cidade, sem convites pessoais de ninguém em um campus com mais de 15 mil pessoas. Você pode imaginar como o convite de Gabe foi significativo e poderoso, embora Gabe não tivesse a menor ideia de que estava fazendo algo mais grandioso do que convidar o novo reitor para uma refeição que ele compartilharia com a esposa, na casa para onde voltava todas as noites.

Quando nos dispomos a fazer convites humildes e pessoais para aqueles que consideramos anciãos, existe a possibilidade de estarmos abrindo uma conexão com um mundo e com pessoas que se sentem desconectadas em sua própria jornada de amadurecimento.

Convide as pessoas somente para coisas que você gosta de fazer

Se você convidar pessoas para fazer aquilo que você mesmo não gosta de fazer, então podemos prever o quanto elas gostarão de se juntar a você e se desejarão voltar. Lembre-se de que o convite não precisa ser para uma experiência de alto nível. Compartilhar um prato de macarrão, caminhar ao redor de um lago e tomar um chocolate quente são coisas que valem. Agora que tenho um filho pequeno, passei a convidar amigos para comer pizza e sopa nos dias frios. Acontece que eles gostam disso muito mais do que eu esperava. Eles só querem um espaço seguro para serem vistos, rirem e ouvirem as vitórias e as lições ao redor da mesa. Se eu tornasse a refeição uma coisa importante, de modo que a preparação e a limpeza me sobrecarregassem, eu não gostaria de nossas reuniões. E esses amigos evitariam meu mau humor.

Lembre-se de respeitar e navegar por contextos culturais, de poder e legais. Convites honestos e reais são ótimos. Geralmente, mais é melhor quando estamos nos conectando em comunidade. E devemos nos lembrar de que todos os convites são compartilhados em contextos em que as normas culturais, a dinâmica de poder e talvez até mesmo as responsabilidades legais são importantes. Por exemplo, já compartilhei refeições com muitas pessoas sem a presença de seus cônjuges. E há muitos lugares em que não devo, não posso ou é melhor não convidar o cônjuge de alguém para compartilhar uma refeição comigo, não importa quão público ou casto seja. Pode ser poderoso convidar pessoas mais jovens a fim de criar relacionamentos entre gerações, porém há muitas circunstâncias em que homens adultos não devem convidar adolescentes para a proteção de todos os envolvidos. Neste ano, eu queria convidar meu médico ortopedista (solteiro) para conhecer um amigo (também solteiro) que havia se mudado para a região. Disseram-me que, por boas razões de ética médica profissional, se eu fizesse isso criaria um problema.

Um dos meus exemplos favoritos de alguém que usa bem o poder do convite é o de uma amiga, Anne, que percebeu que poderia convidar seus vizinhos para se juntarem a ela em seus passeios diários com o cachorro às 15h30. Ela gosta de passear com seus cães e faz isso todos os dias. Ela pode convidar os vizinhos quantas vezes quiser. Ela pode disponibilizar um passeio compartilhado todos os dias. Depois de convidar muitos vizinhos várias vezes, ninguém se juntou a ela. Acontece que eles têm empregos e filhos para se dedicar à tarde. Apesar desse "fracasso", ela sabe que ajudou a se conectar com a vizinhança apenas convidando e convidando novamente. Na verdade, sempre que os vizinhos a veem, embora não participem de suas caminhadas, ela é a vizinha que os convida para passear com os cães e está mais acessível a eles do que nunca. Você consegue imaginar um mundo em que dez vizinhos o convidassem para passear pelo bairro no dia que quisesse? Você se sentiria mais bem-vindo e faria mais amigos em sua vizinhança do que a maioria das pessoas faz?

Experiências na fogueira

Muitas pessoas gastam milhares de dólares e incontáveis horas para criar eventos terríveis, até mesmo tóxicos, para se conectar, porque não entendem a sabedoria das "experiências na fogueira".

Relacionamentos próximos, confortáveis e confiáveis são cultivados em experiências íntimas. Quase nunca criamos relacionamentos íntimos e satisfatórios em experiências grandes, barulhentas e distrativas ou em espaços grandes, barulhentos e distrativos. Reconhecer as "fogueiras" nos dá uma lente para perceber como e quando estamos criando espaços nos quais podem crescer conexões satisfatórias.

Carrie Melissa Jones e eu criamos o termo *experiência na fogueira* porque a maioria das pessoas se lembra de sentar-se ao redor de uma fogueira e sair sentindo-se mais conectada, confortável e próxima das pessoas que se juntaram a elas. O termo nos lembra de recriar o tipo de espaços e experiências íntimos que as fogueiras proporcionam.

Para fins desta discussão, as experiências na fogueira são identificadas por três critérios:

- *Proximidade*: O espaço de reunião é pequeno o suficiente para que os participantes estejam próximos o bastante para ter uma conversa íntima. Isso significa que há poucas pessoas participando da experiência.
- *Permissão*: Os participantes têm permissão e tempo para compartilhar uma conversa que desejam ter, inclusive uma que possa se tornar vulnerável.
- *Condições*: Todas as condições que poderiam desviar a atenção de uma possível conversa íntima são tratadas para que os participantes possam se concentrar na conversa.

Pense em como você passou a gostar, confiar e se sentir confortável com seus amigos mais próximos. É quase certo que houve experiências na fogueira juntos (provavelmente muitas) que permitiram que você formasse os relacionamentos que agora aprecia.

Vamos dar uma olhada em algumas maneiras pelas quais as pessoas estragam as experiências na fogueira.

Proximidade

Precisamos manter pequeno o número de pessoas em nossas experiências na fogueira. Quando novas pessoas estiverem começando a se conhecer, considere que o número máximo apropriado é de cinco pessoas, e não apenas porque eu digo isso. Cada pessoa adicionada a uma conversa aumenta drasticamente o número de relacionamentos gerenciados na experiência. O gerenciamento de relacionamentos se torna desgastante e distrativo. As pessoas se retraem por não conseguirem gerenciar facilmente tantos relacionamentos novos. As *linhas de comunicação* preconizadas na Lei de Brooks foram desenvolvidas por Fred Brooks, um gerente da IBM na década de 1960, que percebeu que adicionar mais pessoas a uma equipe tornava os projetos mais lentos.[1] Seus diagramas revelam que adicionar pessoas rapidamente torna até mesmo apenas a carga de comunicação incontrolável. Gerenciar novos relacionamentos torna-se ainda mais difícil (figura 2). "Apenas mais uma pessoa" parece menos inócuo quando reconhecemos como os números afetam as experiências dos participantes. Observe nos diagramas das Linhas de Comunicação de Brooks que a adição de uma única pessoa a um grupo de cinco aumenta os relacionamentos gerenciados no grupo em 50%.

A crescente carga sobre os participantes é um dos principais motivos pelos quais os eventos convencionais que parecem ter todos os elementos certos para a conexão, segundo os padrões convencionais, muitas vezes parecem insatisfatórios. Por exemplo, conheço pouquíssimas pessoas que se sentam em mesas de dez pessoas em uma recepção de casamento por três horas e depois saem se sentindo inspiradas, conectadas e animadas com suas conversas. Mesas de dez pessoas são ótimas para os fornecedores e péssimas para conversas significativas.

Uma fogueira não é uma grande fogueira.

Mesmo em um grande evento, como um churrasco na vizinhança, um show na arena ou uma conferência profissional, é fácil criar experiências de fogueira. Os intervalos dão aos participantes permissão para conversar em pequenos grupos. Podemos convidar os participantes a se reunirem em várias fogueiras pequenas em vez de uma única fogueira gigante. Grupos de dois ou três funcionam muito bem. De fato, as conversas mais significativas geralmente acontecem nos menores grupos.

Sempre que participo de uma conferência, retiro ou reunião e vejo que os organizadores prepararam os espaços apenas para grandes encontros, sei que eles não sabem como as pessoas realmente se conectam. Eles estão usando uma estratégia de "reunir e esperar". Eles esperam que, se reunirem um número suficiente de pessoas em um espaço, as conexões acontecerão naturalmente. Isso só funciona se eles tiverem sorte.

Permissão

As pessoas precisam de permissão e tempo para ter as conversas que desejam ter. A conversa pode ser solicitada (por exemplo, "Por favor, compartilhe o que o inspirou a participar desta conferência") e deve haver liberdade suficiente para que elas possam compartilhar uma conversa significativa que lhes interesse. Se for solicitado aos participantes que preencham uma agenda, ouçam um autor que se engrandece e planejem a programação do dia, eles provavelmente não têm a permissão adequada.

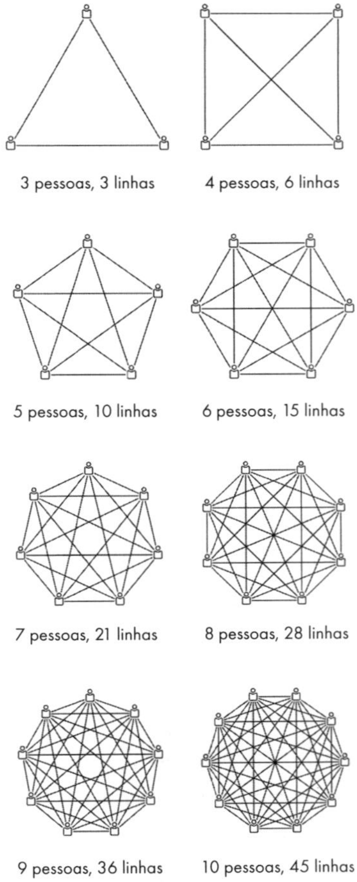

Figura 2. As linhas de comunicação de Brooks

É aqui que a *matemática do tempo* se faz importante. Se houver um número excessivo de pessoas participando em um determinado período, não importa quanto tempo você dedique para um intervalo, pois cada pessoa tem muito pouco tempo para participar. Por exemplo, cinco minutos podem ser confortáveis para duas pessoas se comunicarem entre si. Mas certamente não é suficiente para cinco pessoas: um minuto por pessoa não dá às pessoas permissão para iniciar o tipo de conversa que parece autêntica e íntima. Isso pode parecer óbvio para você, mas já participei de uma videoconferência com intervalos de dois minutos para grupos de três pessoas (sério). O que os organizadores achavam que poderia acontecer nos quarenta segundos permitidos a cada participante?

Quando o contexto é adequado e os participantes sabem que têm tempo real para se aprofundar, eles geralmente o fazem. Os organizadores ficam chocados com o fato de grupos pequenos quererem trabalhar por trinta minutos ou uma hora em um único ato, porque se sentem confortáveis e conseguem administrar os novos relacionamentos em questão.

Condições

Qualquer coisa que distraia os participantes das conversas que eles querem ter com as pessoas com as quais estão se conectando é um problema. É por isso que os bares são lugares terríveis para as pessoas se conectarem. Eles geralmente estão cheios de televisores, música e luzes, sem mencionar outras pessoas, que nos distraem.

Isso é tão verdadeiro no ambiente online quanto pessoalmente.

Há alguns anos, fui procurado por uma empresa famosa que tem colaboradores em todo o mundo. Eles queriam conectar melhor suas equipes usando chamadas de vídeo. Eles me disseram que estavam realizando chamadas de uma hora para conexão, mas ninguém gostava das chamadas e ninguém queria ficar mais tempo para continuar as conversas. Quando perguntei, eles revelaram que incluíam quinze pessoas em cada chamada em uma única sala de vídeo. Quinze pessoas parece pouco para uma empresa com mais de cem mil funcionários. Mas os diagramas das linhas de comunicação de Brooks nos mostram por que quinze pessoas é um número excessivo de participantes para gerenciar uma conversa íntima e possivelmente vulnerável. Os anfitriões violaram as necessidades de proximidade e de tempo da fogueira. Era totalmente previsível que ninguém aproveitaria as chamadas, nunca se sentiria conectado ou buscaria mais.

Em contrapartida, considere as experiências de que você se lembra em que se conectou com pessoas com as quais agora se importa. Observe quando e como vocês compartilharam o tempo juntos, bem como onde os critérios da fogueira foram atendidos. Suas fogueiras podem ter começado na viagem de carro a caminho de uma conferência, enquanto esperava na fila do banheiro de um show ou até mesmo conversando em um corredor antes da abertura das portas do evento. Nenhuma dessas experiências precisou de entretenimento que distraísse ou de uma programação elaborada. Quando reconhecemos as experiências na fogueira, podemos protegê-las. Quando elas faltarem, podemos planejá-las.

Observei que pessoas não qualificadas que desejam criar eventos para conectar outras pessoas temem que os convidados fiquem entediados. Sem dados que sustentem suas escolhas, elas enchem os espaços com música, vídeos, telas, jogos, apresentações artísticas e todo tipo de distração. Essas coisas não são ruins para todos os eventos. Elas competem diretamente com os interesses dos convidados de encontrar e desfrutar de uma experiência na fogueira que conduza à conexão que eles procuram. Não sei dizer quantos eventos participei para conhecer pessoas que me interessavam e depois não consegui me conectar com ninguém por causa da música, do barulho ou do programa que tornava isso impossível.

Aqui está um exemplo positivo. No ano passado, participei de uma conferência internacional para líderes espirituais. A organizadora da conferência, Deborah, pediu minha ajuda para moldar a conferência de modo a conectar os participantes de maneira profunda e significativa. Quando entrei no refeitório do resort antes do café da manhã de abertura, vi que a equipe havia seguido a organização convencional. Pedi que dividissem todas as mesas em quatro (proximidade), desligassem a música para que não reverberasse nas superfícies duras e, em seguida, desligassem a fonte de água barulhenta na área de refeições (condições de distração). Agora a sala tinha uma aparência significativamente diferente, e os hóspedes recém-chegados descobriram espaços muito mais confortáveis e íntimos. Na primeira sessão de grupo após o café da manhã, os convidados compartilharam espontaneamente a sensação de profundidade e importância das conversas no café da manhã. Deborah sabia por que eu havia rejeitado a configuração do hotel. Foi por isso que ela não entrou em pânico quando mudei tudo; em vez disso, ela sorriu.

Quando os convidados vêm com o objetivo de se conectar, mas não experimentam uma fogueira, eles podem sair impressionados com nossa música ou com os arranjos florais, mas não encontrarão o que procuram. Diante dessa decepção, qual é a probabilidade de eles voltarem para eventos futuros? Com uma aplicação sábia e nenhum esforço adicional, os eventos podem oferecer um local extraordinário para conexões. Precisamos ser corajosos o suficiente para rejeitar o pensamento convencional e obter resultados não convencionais.

As três promessas

Três promessas devem ser cumpridas em qualquer experiência bem-sucedida de formação de comunidade em que os participantes busquem criar vínculos mais fortes. Elas se aplicam, quer os anfitriões estejam cientes delas ou não. Essas promessas são as seguintes:

Liberdade: A liberdade para os participantes escolherem se querem participar ou não, sem coerção.

Vínculo com outras pessoas: A oportunidade de os participantes experimentarem a experiência de serem vistos e compreendidos, e de verem e compreenderem os outros.

Crescimento: A oportunidade de crescer de uma forma que os participantes queiram crescer.

Se qualquer uma dessas promessas não for cumprida, um evento de construção de comunidade parecerá insatisfatório ou até mesmo tóxico. Eu não inventei essas promessas. Elas são uma interpretação de anos de pesquisa sobre como atender às motivações internas das pessoas.[2] As promessas nos ajudam a tornar as experiências gratificantes, desde que as pessoas convidadas compareçam motivadas por seus próprios desejos internos (por exemplo, conexão, compaixão e até mesmo amor), em vez de participarem porque esperam uma recompensa ou resultado externo (por exemplo, dinheiro, credenciais e prêmios).

É claro que você pode criar muitos eventos em que a conexão não seja uma prioridade. Nesse caso, sinta-se à vontade para ignorar as promessas. Mas, se o seu objetivo (ou um deles) for conectar pessoas com outras com sucesso, o cumprimento das três promessas é necessário para o sucesso.

Liberdade. Os participantes devem ter a liberdade de dizer não à sua atividade. Se eles não puderem dizer não ou se sentirem ameaçados de punição (formal ou informal) por dizerem não, então você entrou no campo da coerção. Ninguém gosta de se encontrar e compartilhar experiências possivelmente íntimas e vulneráveis enquanto está sendo coagido. Não importa o quanto a caminhada seja emocionante, o quanto os artistas sejam famosos ou o quanto a comida seja exótica; se seus convidados se sentirem coagidos, eles preferirão se afastar.

Vínculo com outras pessoas. Para passar algum tempo significativo no evento, os participantes precisam de uma experiência em que possam reconhecer que outras pessoas compartilham seus valores e propósitos e, em algum nível, reconhecer que outras pessoas os entendem tanto emocional quanto intelectualmente. As experiências de fogueira oferecem essas oportunidades. Os participantes precisam ter acesso a pelo menos uma.

Por exemplo, se você se juntar a mim em um fim de semana para um serviço de refeição em um refeitório e fizer isso para se conectar comigo e com meus amigos de Berkeley, então será um péssimo dia se você for designado para estocar milho enlatado em uma despensa sozinho. Se quatro de nós formos designados para limpar a louça juntos, a água suja pode não ser divertida, mas a experiência de conversar e rir na fogueira pode oferecer um ótimo local para conexão.

Crescimento. Os participantes devem crescer como quiserem, seja de forma profunda ou humilde. Isso pode incluir o desenvolvimento de habilidades ou o aprendizado de novas informações, mas não é obrigatório. Para muitas comunidades, o que importa é criar e aprofundar a conexão. Por exemplo, muitas escolas reúnem os pais. Muitos desses pais querem se conectar com outros pais solidários e amigáveis, pois todos eles criam seus filhos em uma época de distrações da mídia, divisões ideológicas e intensa competição acadêmica. Se os pais simplesmente fizerem um amigo em um evento, ou iniciarem o processo de desenvolver um amigo, eles estarão se tornando pais mais conectados e resilientes. Isso é muito importante. O mesmo se aplica a muitos cineastas, chefs e atletas. Eles simplesmente querem se conectar a uma comunidade que compartilha sua paixão, e isso pode contar como crescimento.

Para cumprir bem essa promessa, precisamos entender as áreas em que nossos participantes querem crescer e de que maneira. Em seguida, podemos definir como nosso tempo juntos estimulará isso. Muitas organizações viram suas comunidades fracassarem porque criaram eventos que pensaram que seriam divertidos, mas que não apoiavam o crescimento aspiracional. Esses eventos ofereceram pouco mais do que distrações.

Lidando com a polarização e a fragilidade social

Muitas pessoas, especialmente educadores e aqueles que trabalham com veteranos, compartilharam comigo o quanto se sentem desafiadas, e até mesmo assustadas, por trabalhar em prol da comunidade em um momento em que as pessoas parecem mais polarizadas ideologicamente do que nunca.

A boa notícia é que há uma pesquisa animadora que indica que, pelo menos nos Estados Unidos e na Europa, as ideologias não estão tão distantes quanto a mídia e os políticos nos levam a acreditar.[3] O verdadeiro desafio é a "polarização afetiva". Essa é a polarização *emocional* que se manifesta como uma aversão a pessoas com diferentes lealdades ou inclinações políticas.[4]

E esse é, de fato, um desafio sério e leva a um perigo real. Essa nova e intensa polarização afetiva pode explicar, por exemplo, por que as ameaças de violência física contra membros do Congresso dos EUA, em ambos os lados do corredor, são muitas vezes maiores do que eram há apenas alguns anos.[5]

Você pode pensar: "Meu Deus! Não sou especialista em diminuir as diferenças de preconceito." Mas ser um especialista pode não ajudar: mesmo aqueles com formação específica e comprometidos com esse trabalho têm resultados limitados e imprevisíveis.[6] Além disso, a maior parte de nosso trabalho de construção de comunidade tem alcance limitado na vida dos membros. Não podemos e não conseguiremos mudar as pessoas e as instituições que já reforçam ideias ou sentimentos polarizadores ao longo da vida de alguém. As pesquisas indicam que "o trabalho de curto prazo para mudar os sentimentos individuais se deteriorará com o tempo diante dessas pressões mais amplas, a menos que seja tomado um cuidado imenso para construir amizades profundas e de longo prazo ou criar outro conjunto de relacionamentos ou instituições para as pessoas passarem o tempo que lhes permita agir de acordo com seus sentimentos alterados".[7] Portanto, vamos reconhecer que a situação é difícil e, daqui para frente, nos daremos crédito pelo sucesso se pudermos simplesmente criar ambientes onde novas amizades possam ser feitas e vidas possam ser mudadas.

Quando estiver enfrentando o desafio de reunir pessoas que parecem emocionalmente polarizadas, aqui estão três lições:

Concentre-se nos principais valores e propósitos compartilhados. Lembre-se de que as comunidades bem-sucedidas reúnem as pessoas em torno de valores e propósitos compartilhados. Você não precisa abordar todos os valores, objetivos, ódio, medo ou qualquer outra coisa em cada evento. As pessoas podem ter fortes sentimentos negativos em relação a outros convidados, mas manter as crianças seguras, aprender a fazer caminhadas ou curar-se de uma perda dolorosa pode ser suficiente para unir as pessoas. Você pode concentrar a energia, as atividades e as conversas nos valores e no propósito relacionados ao convite. É justo lembrar aos participantes o que os une e que outras preocupações podem ser tratadas em outros momentos. Se nós, como líderes comunitários, tentarmos abordar todos (ou mesmo muitos) os pontos de discórdia, o momento da reunião será desviado para o confronto em vez de cumprir a promessa original.

As experiências íntimas na fogueira podem ajudar os membros a se verem de novo e a compartilharem a vulnerabilidade quando estiverem prontos. Isso ajuda os participantes a reconhecerem uns aos outros como indivíduos comprometidos e não como representantes de outros grupos ou tribos. Isso leva diretamente à segunda lição.

Os anfitriões precisam ser hospitaleiros e levar essa função a sério. Alguém precisa manter o espaço compartilhado seguro e concentrado o suficiente para manter a comunidade unida. Se o evento for grande o suficiente, várias pessoas precisarão compartilhar a responsabilidade de hospedar. Esse é um trabalho para os anciãos e, se eles não se dispuserem a isso e apenas esperarem pelo melhor, o interior da comunidade parecerá tão falho quanto o exterior.

Os líderes e os anciãos devem ser modelos de relacionamentos respeitosos e responder rapidamente àqueles que violam o padrão. Isso inclui explicitar os motivos pelos quais respeitamos uns aos outros. Sempre podemos honrar o tempo, a atenção, o compromisso ou o interesse de alguém.

Anteriormente, aprendemos com Elinor Ostrom que decisões difíceis devem ser tomadas e sanções devem ser impostas para que os membros saibam que certos comportamentos no mundo externo não são aceitáveis no interno. É claro que as decisões precisam ser reconhecidas como justas e as sanções devem ser graduadas.

Um amigo meu chamado Eric tem reunido veteranos do exército dos EUA em jantares ritualizados para ajudá-los a formar novas amizades, estender o apoio uns aos outros e ter conversas que temiam ter antes. Há alguns perigos inerentes ao trabalho de Eric. As conversas podem rapidamente se tornar politicamente acaloradas, ou os veteranos com experiência mais perigosa e admirada às vezes querem menosprezar as experiências, a dor e as contribuições de outros veteranos. Eric compartilhou comigo como ele e os anciãos de sua comunidade são sensíveis a isso e atacam qualquer conversa que viole a regra estrita de que o espaço é para apoiar uns aos outros na cura. Isso inclui o reconhecimento de que todo veterano é valorizado por seu serviço. Ninguém na conversa pode decidir quem merece mais respeito ou honra. De fato, os postos, as funções e os tipos de serviço geralmente não são mencionados para permitir uma conversa excepcionalmente igualitária para os veteranos.

Isso nos leva à última lição.

Invista na construção da confiança. Sem confiança em sua liderança, tudo fracassará. Será simplesmente uma questão de tempo. E a confiança precisa ser conquistada várias vezes, inclusive quando você conhece os membros pela primeira vez, quando enfrenta um desafio e quando comete erros claros e precisa consertar o que está quebrado.

As autoras Frances X. Frei e Anne Morriss desenvolveram um modelo útil com três fatores para entender como a confiança é construída.[8] Elas o chamam de triângulo da confiança. Estou adaptando-o brevemente aqui:

Autenticidade: As pessoas acreditam que estão vivenciando o seu verdadeiro eu.

Competência: As pessoas acreditam que seu raciocínio e seu julgamento são sólidos.

Empatia e comprometimento: As pessoas acreditam que você realmente se importa com elas e com o sucesso delas.

Observe que a competência é apenas um terço do triângulo. O fator de autenticidade significa que os participantes devem sentir que o conhecem e podem confiar em você. Isso leva tempo. O fator de empatia e compromisso significa que os participantes devem reconhecer que os relacionamentos vão além do meramente transacional e que há acesso à generosidade. Isso pode ser demonstrado com paciência, compaixão e empatia entre os membros. Isso também leva tempo. Apenas "fazer o trabalho" nunca é suficiente.

A necessidade de tempo e espaço explica por que os novos membros raramente se apresentam rapidamente com ações generosas e vulneráveis ou com ofertas de longas horas de trabalho voluntário ou acesso a suas redes pessoais. Precisamos de tempo para ganhar sua confiança. Já estive na sala várias vezes quando um líder de workshop ou um anfitrião de retiro queria que todos entrassem em seu "espaço seguro" declarado. Os anfitriões não se deram ao trabalho de revelar autenticidade, competência ou empatia. Eles desejavam que falar em segurança fosse suficiente. Não é de se admirar que ninguém tenha sido inspirado a participar vigorosamente.

Na prática, isso quase sempre significa que os líderes precisam primeiro compartilhar um pouco de sua própria vulnerabilidade. Para aqueles que sempre querem se apresentar como inflexíveis e no controle, isso pode representar um desafio impossível. Isso não se deve ao fato de a vulnerabilidade ser sempre boa. Longe disso: o compartilhamento de vulnerabilidade não relacionado ou em excesso também afasta as pessoas. Compartilhar a vulnerabilidade apropriada mostra aos participantes que o líder está se expondo autenticamente e sobrevivendo no espaço. Isso diz aos participantes que outros também podem se mostrar vulneráveis, que sobreviverão e que a autenticidade está presente.

O comprometimento se revelará quando os outros virem um investimento em atenção, energia, recursos ou qualquer outra coisa que vá além de transações óbvias ou ganhos fáceis.

Que você crie um espaço onde as pessoas que normalmente não falam se sintam à vontade para falar, bem como encontrem novas amizades onde imaginavam haver apenas um deserto.

12

Como Lidar com a Comunidade Online

Desde o início da pandemia da Covid-19, nossa relação coletiva com os relacionamentos mediados digitalmente e as reuniões online mudou de maneira drástica.[1] Refletindo sobre muitas conversas, percebo uma exasperação coletiva com o aumento do tempo necessário na tela e, ao mesmo tempo, uma esperança quase messiânica de que mais relacionamentos mediados de forma digital resolverão nossa epidemia de solidão. Essa salvação não acontecerá online. A pesquisa parece mostrar que, embora existam circunstâncias específicas que tornam as conexões online gratificantes para algumas pessoas, na maioria das vezes, *as experiências online nos deixam menos felizes e inadequadamente conectados.*[2] A qualidade dos relacionamentos, e não sua quantidade, é o que importa para mudar nossa vida.[3]

Há muita ignorância sobre as armadilhas da comunidade online; isso me entristece. Por exemplo, há apenas algumas semanas, compartilhei uma ligação com dois empreendedores de tecnologia que pretendiam criar uma escola online internacional que "colocasse os alunos em primeiro lugar". Eles acreditam que sua futura escola online será melhor do que tudo o que veio antes. Eles compartilharam como esperam que seus futuros alunos acordem de manhã com vontade de entrar na plataforma da comunidade da escola para colaborar, se comunicar e manter contato com outros alunos. Expliquei que as pesquisas mostram que as pessoas ficam menos felizes quanto mais tempo passam nas mídias sociais.[4] Em resposta à descrição deles de mais uma plataforma de mídia social para capturar cada vez mais o tempo de vigília dos alunos, observei que não há evidências de que atrair os jovens para mais tempo online melhore a vida deles. De fato, as pessoas parecem precisar do oposto. Nossas vidas são enriquecidas pela criação de amizades presenciais com pessoas geograficamente próximas a nós. Esses empresários inteligentes não tinham a menor noção de que estavam induzindo seus clientes estudantes a padrões que levam a crises de saúde mental.[5]

Isso não quer dizer que todas as iniciativas de comunidades online estejam fadadas ao fracasso total. Vamos dar uma olhada em algumas diferenças concretas entre as iniciativas de comunidades online e offline e seus benefícios relativos.

Pontos fortes relativos da comunidade online

Há cinco grandes pontos fortes que a conexão online pode trazer para a formação de comunidades fortes.

O primeiro, e mais óbvio, é que reuniões online podem superar as limitações geográficas e de tempo. Isso significa que os membros podem se encontrar e se conectar onde quer que estejam. Sempre que alguém quiser apoio, precisar se informar ou quiser aprender algo novo, a internet estará aberta. Ninguém precisa ir até a sede do clube e abrir as portas.

Segundo, quando for importante, os membros podem proteger as identidades offline uns dos outros. Embora isso possa reduzir a sensação de conexão ou confiança em comparação com uma comunidade offline, pode ser um recurso positivo que permite que as pessoas se conectem e se sintam seguras. Por exemplo, as pessoas que sofrem com o vício raramente querem que os colegas de trabalho, os vizinhos no parque ou os parentes nas reuniões familiares saibam com o que estão lidando. Manter o anonimato é importante. Um local que torne a conexão mais segura pode ser um recurso bem-vindo.

Terceiro, o escalonamento (crescimento) é bastante fácil. As comunidades online não são limitadas por um prédio físico, disponibilidade de estacionamento ou acessibilidade do local. É relativamente fácil convidar e incluir novos membros. O LinkedIn, por exemplo, permite que muitas pessoas sigam e aprendam com um indivíduo sem sobrecarregar o professor.

Para que a mesma escala ocorresse exclusivamente offline, um grande salão teria de ser reservado, sistemas de som teriam de ser montados e horas de viagem poderiam ser necessárias.

Quarto, as experiências, com texto ou vídeo, podem ser facilmente registradas e oferecidas aos membros como recursos. Observe, no entanto, que as conversas casuais, mas importantes, que ocorrem em uma reunião offline ou sessão de treinamento, são muito mais difíceis de serem amplamente compartilhadas. Discuto mais detalhadamente os tipos de conversas que levam a uma conexão profunda na seção do Capítulo 11 sobre experiências de fogueira.

Quinto, as comunidades online fazem um bom trabalho ao permitir que as pessoas "escolham sua própria aventura", observando ou participando de uma comunidade de uma forma que não é possível quando se participa apenas de eventos presenciais. A plataforma online torna a participação mais acessível e confortável para aqueles que, por exemplo, têm ansiedade social ou dificuldades de locomoção. Os visitantes podem observar até que estejam prontos para participar de forma segura. Os membros podem ver, ao longo do tempo, onde se encaixam mais facilmente do que em eventos presenciais.[6]

Pontos fracos relativos da comunidade online

Embora os relacionamentos que se desenvolvem online possam ser poderosos e enriquecedores para a vida como um todo, é difícil, se não impossível, desenvolver o nível de conexão e intimidade encontrado nas comunidades offline.[7] Marissa King, que leciona na Wharton Business School, escreveu que as pessoas que passam um tempo significativo nas mídias sociais não sentem proximidade emocional com a maioria das pessoas em sua rede: "A mídia social não aumentou o número de amigos que temos nem nos fez sentir mais próximos deles."[8]

Independentemente do que seja verdade sobre os esforços da comunidade online, a desvantagem de criar conexões profundas usando a mídia online é uma consideração importante quando os líderes calculam o valor da experiência online em comparação com a offline. Até mesmo a Twitch, com mais de duzentos milhões de membros e incontáveis terabytes de conteúdo, reúne membros em eventos presenciais em grandes arenas a um custo enorme.

De acordo com o livro de King, *Social Chemistry*, leva tempo para desenvolver um relacionamento pessoal: aproximadamente cinquenta horas para desenvolver um relacionamento de conhecido para amigo casual, outras quarenta horas para se tornar "amigo de verdade" *e mais de duzentas horas para se tornar "amigo íntimo"*. E o tempo bruto não é a única variável que importa. A "intensidade emocional, a intimidade e a reciprocidade investidas" também são importantes.[9] Como sabemos que os relacionamentos online são menos próximos e satisfatórios do que os relacionamentos presenciais,[10] é razoável considerar que precisamos investir muito mais horas, com intimidade e intensidade adequadas, para desenvolver conexões online. Isso explica por que, apesar de tanto alarde, tão poucos esforços de comunidades online são bem-sucedidos. Eles precisam que os membros passem mais tempo em frente às telas, e as pessoas, em geral, querem ficar longe delas.

Há bons motivos para os membros perceberem o maior poder das experiências pessoais. O *Washington Post* informou recentemente que "de acordo com um estudo de 2023, assim que nos olhamos nos olhos, a atividade neural em nossos cérebros pode ficar sincronizada: em uma leitura de eletroencefalografia de dois cérebros sincronizados, as linhas que representam a atividade neural de cada pessoa flutuam para cima e para baixo juntas. Essa sincronia neural tem sido associada a mais bondade para com os outros, melhor comunicação e cooperação. Entretanto, se enviarmos mensagens de texto ou conversarmos por vídeo, *a sincronia neural entre nossos cérebros quase desaparece*" (ênfase minha).[11] Até mesmo sentir o cheiro de outras pessoas presentes conosco realmente muda nosso humor e nos deixa mais calmos.[12]

Praticamente todos nós queremos amigos por motivos emocionais. Se quiséssemos apenas ajuda técnica, gastaríamos muito mais tempo com livros e vídeos de instrução. A presença emocional é difícil de ser compartilhada online. Quem sabe se e quando isso vai mudar? Quando um pai morre, um parceiro nos deixa ou recebemos um diagnóstico assustador, geralmente não queremos recorrer a uma videoconferência. Queremos que amigos e familiares se juntem a nós na sala. Queremos sentir seus abraços. O mesmo acontece em momentos de alegria e sucesso. Vivenciamos a formatura, a superação de doenças e o nascimento de bebês de forma diferente quando há comemorações e tapinhas nas costas para compartilhar. As partes presenciais realmente importam.

Também é mais difícil para os visitantes entenderem o quanto eles pertencem a uma comunidade online. Não podemos ver onde os corpos quentes estão se reunindo. Isso pode significar que os guardiões precisam ser mais ativos para ajudar os visitantes a se sentirem bem-vindos e encontrarem um caminho dentro da comunidade.

Gerenciando comunidades online

Depois de conversar com líderes e profissionais de comunidades online que criaram ou gerenciam comunidades em crescimento com milhares ou até milhões de membros, fiquei surpreso e encantado ao descobrir o quanto os sete princípios para a construção de comunidades também se aplicam às comunidades online. Embora os princípios possam ser aplicados de maneira diferente, eles estão todos lá. Os gerentes de comunidades online com quem conversei usaram palavras diferentes para os princípios que abordamos e reconheceram sua importância.

Identidade da comunidade online

Assim como as comunidades offline, as comunidades online devem ter uma visão para sua existência, incluindo os valores que atrairão os membros. A visão deve ser claramente compartilhada pelos gerentes de alguma forma. Certifique-se de que seus integrantes e visitantes saibam por que você criou ou gerencia sua comunidade.

Juntamente com a visão, os membros devem saber como o grupo apoia e conduz seu crescimento, pelo menos em termos de habilidades técnicas e, idealmente, também em termos de maturidade interna. Stu McLaren, fundador da WishList, diz que comunidades online fortes também ajudam a lidar com o medo, a dúvida e a ansiedade. Esses sentimentos raramente são compartilhados, mas uma comunidade que expõe essas questões abertamente dá aos membros permissão e um lugar seguro para crescer por meio desses desafios. O compartilhamento se torna vulnerável, de modo que essa vulnerabilidade cria conexões mais profundas.

Usando os sete princípios para o pertencimento

Fronteira. Os integrantes precisam se comprometer de alguma forma para participar. Um acesso pago pode ser um limite eficaz porque os integrantes sabem que outros pagaram algo para participar. A menor barreira é compartilhar seu nome e suas informações de contato. Essa barreira mínima mostra que eles estão se comprometendo a participar. Stu também recomenda um conjunto de perguntas obrigatórias que incluam por que os integrantes querem participar e o que eles querem obter com a participação. Quando os integrantes estiverem dentro da comunidade, um bom gerente a tornará um espaço seguro, oferecendo palavras de apoio e conselhos úteis imediatamente. Também é importante que os gerentes não critiquem os novos integrantes. O gerente participa da transformação do espaço em um local de crescimento e compartilhamento de verdades vulneráveis.

Iniciação. Deve haver uma rotina de boas-vindas para os novos integrantes. Essa rotina os incentiva a se envolver o mais rápido possível e a construir relacionamentos com outros membros. Isso pode incluir um anúncio aos integrantes atuais e uma recepção específica de um ancião (incluindo o diaconato). Outros integrantes podem entrar em contato e encontrar pontos em comum. A rotina deve ajudar o novo integrante a se sentir visto, compreendido e bem-vindo para continuar participando. Como sabemos da importância dos símbolos, pode ser exibido um crachá que represente o grupo ou o círculo específico do qual ele agora faz parte.

Ritual. É mais desafiador oferecer rituais online do que offline, mas eles não são menos importantes. Comemorar os marcos na vida de alguém é importante. Tomei conhecimento de uma comunidade de empreendedores que anuncia e comemora marcos de vendas de seis e sete dígitos. Outro grupo comemora os compromissos de exercícios concluídos (quilômetros percorridos). A Health Union oferece mais de 45 plataformas online para que as pessoas compartilhem experiências de saúde a fim de ajudar a si mesmas, a outros pacientes com desafios semelhantes e a organizações que se concentram em condições médicas. Eles afirmam atingir centenas de milhões de pessoas a cada ano que discutem a convivência com condições médicas e o tratamento delas. Em seu site, os assinantes com doenças que mudam a vida comemoram as difíceis realizações diárias que passariam despercebidas por pessoas de fora, inclusive aquelas tão "simples" como sair da cama ou dar uma caminhada.

Carrie Melissa Jones é uma colega que estudou milhares de comunidades online que conectam muitos milhões de pessoas em todo o mundo. Ela compartilhou que, após anos de pesquisa, reconhece que a realização de rituais em eventos online ao vivo é, de longe, a maneira mais poderosa de usar rituais em uma comunidade online. A boa notícia é que há pessoas que pensaram muito sobre rituais relevantes em mídias digitais. Carrie também é fã do meu amigo Kursat Ozenc, que cria e ministra cursos sobre rituais na d.school de Stanford e escreveu livros sobre o uso de rituais em nossa época. Você pode procurá-lo em kursatozenc.com.

Fernando Murray Loureiro é um facilitador intercultural que apoia a colaboração de equipes internacionais. Ele compartilhou um ritual que usa online, geralmente chamado de "Peça de centralização", para tornar suas reuniões online mais poderosas e significativas. Depois que os participantes se reúnem online, ele pede que todos desliguem as câmeras e prestem atenção no próprio ritmo de respiração e na postura corporal. Ele pede a todos que relaxem seus corpos e liberem qualquer tensão percebida. Durante esse tempo, ele expressa a intenção da reunião. Com paciência, ele finalmente convida todos a "voltarem lentamente" com os olhos abertos e a ligarem suas câmeras.

O ritual usado regularmente ajuda todos os participantes a deixar as distrações mentais para trás ao entrarem no espaço online. Eles são lembrados do motivo da reunião e reconhecem o compromisso dos outros de fazer o mesmo. Isso torna o tempo juntos especial.

Templo. Os próprios sites das comunidades se tornam templos assim que os membros percebem que há outras pessoas com valores compartilhados que se preocupam umas com as outras. As comemorações, de tudo, desde viver com uma doença até o lançamento de empresas, me dizem que os rituais estão acontecendo. Como mencionei anteriormente, até mesmo os gerentes online mais bem-sucedidos sabem que os membros são enriquecidos por reuniões offline. Quando Stu e eu conversamos, ele não disse para criarmos um "templo temporário" ou organizarmos uma "peregrinação dos integrantes" para permitir que os membros se encontrem, mas foi assim que interpretei sua sabedoria. Mesmo os membros online querem se encontrar em um local físico seguro, onde possam fazer e dizer coisas que as pessoas de fora não entenderão. Essa pode ser a coisa mais divertida que eles fazem na comunidade.

A Idealist é uma organização sem fins lucrativos sediada na cidade de Nova York que apoia pessoas que trabalham para construir um "mundo onde todos possam levar uma vida livre e digna".[13] Eles mantêm uma comunidade online com centenas de integrantes ativos que um deles descreveu como "um lugar estranhamente feliz em um mundo cheio de divisões". Os integrantes se encontram lá para se sentirem mais capacitados para fazer coisas boas para o mundo.[14]

Uma vez por mês, sua comunidade online celebra o "Dia Idealist". Esses dias reservados são considerados especiais e sagrados para os integrantes. Aqueles que estão fisicamente próximos uns dos outros se reúnem nesses dias para realizar alguma ação grande ou pequena para melhorar o mundo. Muitas vezes, eles publicam fotos de suas atividades variadas na plataforma online limitada para que os colegas que entendem seus motivos e propósitos possam celebrar o compromisso. O espaço online seguro permite que eles catalisem ações entre si que, de outra forma, não teriam sido iniciadas.[15]

Histórias. Os integrantes online querem conhecer as histórias da comunidade e as histórias uns dos outros. Ofereça a eles maneiras de conhecer essas histórias e de compartilhar as próprias histórias, talvez com publicações suplementares no blog, vídeos e entrevistas. Os gerentes podem destacar e apresentar histórias que se conectem com os valores aspiracionais da comunidade. Meus exemplos favoritos são produzidos pela sede mundial da CrossFit. Eles publicam vídeos de vidas pessoais transformadas por sua comunidade fitness. As histórias compartilhadas pelos membros mostram o quanto essa comunidade valoriza os atletas de elite e os mais novatos. Lembre-se de que as histórias que você conta e as pessoas que você celebra nelas revelam muito mais sobre quem é a sua comunidade do que qualquer outra coisa.

Símbolos. Os símbolos surgirão e terão seus próprios significados para cada comunidade. Quando eles aparecerem, você poderá adotá-los, falar sobre eles e usá-los em rituais. Conheço várias comunidades online que criaram emblemas para representar realizações, níveis de compromisso e serviços prestados ao grupo. Esses emblemas podem ser vistos por outros membros e são vistos pelos próprios membros quando eles retornam. Os emblemas os lembram de seu compromisso, valores e participação a cada visita. Um símbolo que cresce em uma comunidade online também pode ser levado para o mundo físico na forma de botões, adesivos, patches e outros itens. Eles se tornam parte da identidade esotérica e da linguagem de uma comunidade solidária que se conecta online e durante as refeições com risadas.

Como vimos, a Twitch é uma comunidade online altamente desenvolvida. Ela lança emoticons para sua própria comunidade. Fiquei emocionado quando soube como eles são adotados por milhões de usuários. Um deles é chamado de "Bible Thump". Ele mostra um personagem com lágrimas escorrendo pelo rosto. Marcus, então diretor de programação da Twitch, explicou que o emoticon é usado para expressar empatia e simpatia. Ele disse que, quando algo vai mal para ele na Twitch, seu feed se transforma em um "mar de Bible Thumps". Isso permite que ele saiba que os outros se importam. O emoticon "POG Champ" é uma foto do rosto de Ryan Gutierrez, que, segundo Marcus, é uma personalidade bem conhecida na comunidade de jogos. O emoticon "POG Champ" é compartilhado para expressar entusiasmo e surpresa. Cada símbolo é compreendido por pessoas de dentro e as ajuda a se conectar em um fórum mediado por tecnologia.

Círculos internos. Os círculos internos são bastante fáceis de criar online. Os integrantes podem ser convidados para grupos mais exclusivos separados por experiência, local ou realização. Você pode conceder privilégios diferentes a membros diferentes, que incluem liderar discussões, postar em um local especial e orientar membros. Os membros ficarão entusiasmados por serem reconhecidos de uma forma especial e terão o privilégio de servir e fazer a diferença. Quando Kevin me contou sobre o choro de alguns dos milhares de membros quando a Twitch os convidou para se tornarem parceiros, eu sabia que era porque eles queriam ser reconhecidos por sua contribuição e ser vistos como importantes. Sem dúvida, a Twitch poderia fazer mais para envolver seus membros. Kevin havia apenas arranhado a superfície.

Marcus explicou que a Twitch desenvolveu muitos níveis de círculos internos, tanto formalizados pela Twitch quanto criados de modo informal por seus usuários. Compartilharei aqui alguns números de um estágio do desenvolvimento da empresa no passado para que você possa ter uma noção de como isso pode funcionar.

Membros

Visualizadores: Mais de 100 milhões por mês. A associação é frequentemente reconhecida informalmente quando um espectador é reconhecido por um transmissor.

Anciãos da Twitch

Broadcasters: 1,7 milhão. Eles compartilham conteúdo com a Twitch em seus próprios canais. CohhCarnage é um broadcaster de primeira linha, com 529 mil seguidores e mais de 27 milhões de visualizações.

Moderadores: Cada canal tem moderadores designados de sua própria escolha.

Influenciadores: São indivíduos proeminentes o suficiente para que lhes sejam oferecidas oportunidades pagas de trabalhar com patrocinadores. Isso pode incluir um convite para transmitir da sede da Twitch em São Francisco ou para participar de eventos patrocinados.

Parceiros: Existem apenas 1.500 parceiros. Eles recebem um "botão de assinatura" que permite que os usuários paguem para segui-los. Entre outros privilégios, os parceiros podem criar emoticons no universo da Twitch.

Moderadores globais: Trabalham para aplicar os padrões e as regras de conduta da comunidade.

Anciãos principais

Equipe de suporte da Twitch: Os membros da equipe criam e aplicam as políticas do universo da Twitch e podem suspender ou banir membros.

Lições para a criação de comunidades online

Para aqueles que criarão uma plataforma online para reunir uma comunidade, incluo três lições para ajudá-los a evitar as margens rochosas em que muitos navegam ingenuamente. Essas lições são inspiradas em conversas com as estrategistas de comunidades globais Marjorie Anderson e Carrie Melissa Jones.[16]

A conexão com as pessoas continua sendo o apelo principal

Lembre-se de que a experiência com outras pessoas continua sendo o principal e duradouro atrativo de qualquer comunidade. Muitos líderes se distraem ao se concentrarem na plataforma digital. Marjorie sugere que, ao concentrar a atenção nas experiências interpessoais, você manterá "as pessoas no centro" da experiência, em vez de se distrair com inovações técnicas ou entretenimento.

A *automação muitas vezes destrói os investimentos na comunidade* porque, até o momento, ninguém pode automatizar as experiências em que as pessoas se sentem vistas, ouvidas, compreendidas e reconhecidas por fazerem a diferença para os outros. Até o momento, nenhuma automação pode proporcionar uma experiência autêntica de empatia, reconhecimento, apreciação ou generosidade. Os líderes preguiçosos apenas desejam que isso aconteça.

Independentemente da tecnologia envolvida, os líderes devem voltar aos fundamentos de uma comunidade e às conexões fortes. Isso inclui a experiência humana de trocar conversas e ouvir.

A criação de experiências de integração em uma comunidade é um bom exemplo de como os líderes podem manter as "pessoas no centro" ou, de maneira alternativa, criar um processo tóxico e desconfortável que deixa os novos integrantes desconectados. Os novos integrantes precisam entender por que foram convidados a participar, que alguém percebeu que eles apareceram e qual é o comportamento adequado em uma nova comunidade. Um péssimo plano de integração se concentra principalmente em fazer com que o maior número de pessoas ultrapasse um limite arbitrário de associação, na esperança de gerar "engajamento".

Não existe uma comunidade autogerenciável

Algumas pessoas que estão lendo este texto fantasiam sobre uma comunidade autogerenciável. Elas planejam reunir as ferramentas, as políticas, os espaços e as pessoas certas para realizar um sonho liberal de segurança e engajamento. Isso nunca aconteceu e nunca acontecerá.

As comunidades de trabalho bem-sucedidas não podem permitir que as pessoas se comportem como fazem no universo online sem limites, porque as comunidades precisam de segurança para permitir a vulnerabilidade. Precisamos de vulnerabilidade para criar vínculos significativos, de modo que somente com tais vínculos nossas comunidades podem cumprir suas promessas. Os criadores sempre precisarão se concentrar em padrões de comportamento para manter os espaços sagrados (reservados) para que os integrantes se permitam ser mais vulneráveis dentro deles do que com estranhos.

Até o momento, a moderação automatizada faz um péssimo trabalho de seleção do que é apropriado ou não. Ela censura o conteúdo inofensivo e ignora o prejudicial. Quando os integrantes percebem que há uma moderação inadequada para apoiar um espaço comunitário seguro e relevante, a credibilidade da plataforma se desintegra.

Mantenha as opções de engajamento simples

Plataformas complicadas de comunidades online geralmente confundem ou sobrecarregam os membros. Você provavelmente já passou por isso. Essas plataformas dificultam que as pessoas vejam como se envolver com quem procuram, ou como fazer isso de forma divertida. Depois de analisar sucessos e fracassos em todo o mundo, Carrie Melissa Jones descobriu que, até que aprendamos positivamente que os integrantes buscam algo diferente, é melhor manter os espaços de comunidades online dentro dessas três classes:[17]

> *Área de boas-vindas:* É aqui que os novos integrantes reconhecem que são vistos e compreendidos, aprendem como se comportar e como podem crescer à medida que procuram fazer parte da comunidade.
>
> *Área de discussão geral:* Essa é a área mais ativa. Nela, os integrantes se conectam em áreas gerais de interesse e compartilham o que pode parecer fora do tópico, à medida que criam conexões para entender uns aos outros por vias intelectuais e emocionais.
>
> *Áreas de tópicos específicos da comunidade:* Essas são áreas específicas, bem identificadas e fáceis de abordar, onde os integrantes podem se aprofundar em conversas mais complexas. Esses espaços são projetados para manter as conversas focadas nos motivos do vínculo.
>
> Os integrantes encontrarão espaços de aprendizado para tópicos específicos, conversas internas e, por exemplo, uma área de feedback para que os membros recebam comentários sobre trabalhos, ideias ou projetos.

Ao criar um espaço de comunidade online, sempre retorne ao propósito que inspira os integrantes a se reunirem e sirva a esse propósito. Evite *modelos padronizados de comunidades* que prescrevem programação, mídia e experiências para outras comunidades. Por exemplo, horários de expediente, webinars e quadros de líderes não são apropriados para todas as comunidades. Qualquer coisa que não atenda ao propósito e às necessidades específicas da comunidade é apenas uma distração.

Epílogo:
Finais e Inícios

É normal que uma comunidade termine. Isso pode acontecer por vários motivos: as pessoas se afastam, a meta é atingida, o interesse se desvia, surgem outras prioridades ou você não pode mais atender aos integrantes. Quando uma comunidade termina, os relacionamentos podem continuar. Se considerarmos que o verdadeiro propósito da comunidade é enriquecer os integrantes de alguma forma, então não há problema se em algum momento a comunidade parar de se reunir. Você pode não manter seu templo, nem realizar seus rituais, nem usar seus símbolos. Com sorte, você ainda terá os relacionamentos que foram formados em sua comunidade, o que por si só já é um sucesso.

Se você teme o fracasso porque sua comunidade está chegando ao fim, saiba que o fim não significa necessariamente fracasso. Você pode ter simplesmente criado o que era necessário naquele momento e agora pode começar o próximo compromisso. Meu exemplo favorito disso foi compartilhado por minha amiga Emily, do Neptune Studios. Ela me disse que trabalha em um projeto de filme por até três anos e, nesse período, torna-se muito próxima de seus colegas de trabalho. De qualquer forma, eles se tornam uma comunidade. Eles comemoram juntos, apoiam uns aos outros nas crises e aprendem as histórias uns dos outros. Quando um filme é concluído, a equipe inevitavelmente se separa e os integrantes partem para outros projetos. Ela está fazendo isso há mais de dez anos, portanto já passou por esse ciclo várias vezes. Não é um reflexo de que a comunidade não esteja funcionando: seus integrantes conseguiram criar o que se propuseram a fazer e o tempo que passaram juntos já passou. Ela também compartilhou como seus relacionamentos continuam. Ela verá esses amigos no estúdio, talvez em outros projetos, e eles explorarão como podem trabalhar juntos novamente. Eles se juntaram a novas comunidades em novos projetos e estão crescendo profissional e pessoalmente de novas maneiras.

Começando com o reconhecimento

Você deve se lembrar de que comecei este livro dizendo que passei muitos anos sem saber qual era o meu lugar. Outra maneira de dizer a mesma coisa é que eu ainda não sentia que pertencia ao lugar onde estava e às pessoas que conhecia. Esse não é mais o caso. Gostaria de compartilhar com você a maneira mais poderosa que conheço para criar pertencimento, a despeito de quem você seja e de onde esteja lendo este livro. Como mencionei no início, uma comunidade é formada quando as pessoas acreditam que têm interesse mútuo umas pelas outras. A maneira mais rápida que conheço de despertar esse sentimento de preocupação é dizer às pessoas que elas são importantes para você. É isso mesmo, reconhecer as pessoas pela diferença que fazem em sua vida. É uma ideia simples demais para acreditar que funciona. Mas prometo a você que sim. Vou compartilhar uma maneira de utilizar essa ideia.

Tenho uma tradição de aniversário em que limpo minha agenda para me certificar de fazer pelo menos duas coisas nesse dia. A primeira é escrever uma carta para mim mesmo sobre o que aconteceu no ano passado, como me sinto e o que pretendo fazer no futuro. Isso me leva a refletir sobre como gastei meu tempo e quem esteve envolvido. Em seguida, faço uma lista das pessoas que fizeram a diferença para mim no ano e ligo para elas, uma de cada vez, de acordo com a lista. Meu único objetivo em cada ligação é dizer a essas pessoas que notei o que fizeram por mim, como fizeram a diferença e que são importantes em minha vida. Às vezes, elas fizeram coisas realmente extraordinárias que me salvaram em um momento difícil. Outras vezes, simplesmente estenderam sua amizade e fizeram com que eu me sentisse bem-vindo. Eu nunca exagero. Simplesmente digo a elas que fizeram a diferença para mim. É mais ou menos assim:

Melita,

Estou ligando porque hoje é meu aniversário. Este é um momento de reflexão para mim.

Olho para trás, para o ano que passou, percebendo quem preenche minha vida e faz dela a aventura que ela é.

Estou ligando porque quero que você saiba que reconheço que você tenha me convidado para sua casa, e isso é importante para mim. Você nos apresentou a seus amigos.

Quando liguei com um grande problema, você ofereceu sua perspectiva profissional, sem piscar os olhos nem me pedir nada. Você foi muito generosa.

Penso em você como alguém para quem posso ligar a qualquer hora e em qualquer dia, e você me dará todo o apoio que puder.

Isso faz uma grande diferença para mim. Isso é tudo o que tenho a dizer.

Alguns amigos me dizem que essas ligações curtas mudaram a semana deles ou chegaram em um momento realmente difícil. Muitas vezes, eu simplesmente deixo minha mensagem como correio de voz e explico que eles podem retornar a ligação, mas não é necessário. Alguns amigos fizeram coisas absolutamente extraordinárias por mim (como o Dr. Bennett, que construiu uma prancha de coluna para minha mãe com galhos da floresta depois de um acidente enquanto ela viajava para o exterior). Para esses amigos, eu digo honestamente: “Não tenho palavras para descrever a importância de nossa amizade.”

Quando eu terminar de fazer as ligações, uma coisa mágica terá acontecido. Dezenas de pessoas em minha vida sabem que são importantes para mim e que me preocupo com elas. Uma porcentagem delas me diz abertamente: “Eu me sinto da mesma forma.” Então, sei que há pessoas que se importam comigo. Em poucas horas, tenho uma comunidade de apoio mais forte para minha vida. Acredito de verdade que, independentemente do que aconteça comigo, tenho pessoas que querem me ajudar e sabem que me preocupo com elas. Para mim, essa é a comunidade mais importante do mundo. Não preciso estar dentro dos outros círculos internos do mundo. Eles são apenas auxiliares em minha vida.

Se você quiser criar uma comunidade imediatamente, pratique dizer às pessoas que são importantes para você que elas são importantes para você. Quando algumas delas lhe disserem que você é importante para elas, então você terá uma comunidade. Depois, você poderá desenvolvê-la. Não é preciso esperar pelo seu aniversário. Eu descobri que qualquer motivo é bom para dizer às pessoas que elas são importantes. Você pode dizer a elas que leu este livro de um especialista e que eu lhe disse para experimentar. Mas isso não é necessário. Se você estiver com dificuldades, pode usar a estrutura simples abaixo.

> Estou ligando porque estou percebendo quem torna minha vida melhor. Pensei em você.
>
> Sou grato a você e quero que saiba que reconheço... (coisa que ele fez).
>
> Isso é importante para mim.
>
> Isso faz diferença em minha vida. Isso é tudo o que eu queria compartilhar.

A maioria das pessoas nunca diz essas coisas. Portanto, quando você diz, pode parecer estranho, mas de uma forma positiva. Nunca tive ninguém que ficasse chateado por eu ter feito essa ligação. Mas há muitas pessoas que se sentem valorizadas novamente e fazem parte de uma comunidade mais forte.

Última reflexão

Bem, você conseguiu. Você chegou até o fim e sabe mais sobre como criar pertencimento. Espero que você tenha se inspirado. Pouquíssimas pessoas dedicam tempo para aprender o que você acabou de ler. Acho que menos ainda se arriscam a usar essas ideias para se conectar com outras pessoas e criar "amigos das três da madrugada". Se você fizer isso, terá meu respeito. Nem sempre será divertido. As pessoas nem sempre gostarão de você. Você pode se sentir bobo muitas vezes. É assim que as melhores partes de nossas vidas são criadas.

Lembre-se de que este livro é oferecido como uma inspiração com princípios que você pode aplicar ou aperfeiçoar quando estiver pronto. Ele não é mais do que isso. Se a sua comunidade está fazendo com que os integrantes cresçam e se tornem mais generosos, saudáveis e solidários, ela ainda pode ser excelente sem corresponder a cada página que escrevi.

Mal posso esperar para saber o que você vai criar. Deixo-o com esta sabedoria que me inspira quando quero me conter por me sentir cansado, fraco ou com medo:

> Todos nós já conhecemos a longa solidão
> e aprendemos que a única solução é o amor
> e que o amor vem com a comunidade.
> Tudo isso aconteceu enquanto estávamos conversando,
> e ainda está acontecendo.[1]
>
> — *Dorothy Day*

Minha equipe me ajuda a criar livros, workshops e comunidades, e gostaríamos muito de ouvir sobre seus sucessos, fracassos, desafios e como você está crescendo. Só fazemos isso para criar uma diferença positiva, e só sabemos se nossos esforços estão fazendo a diferença quando você nos conta. O mundo está desesperado por vínculos e essa é uma maneira de apoiá-los.

Derrote a solidão. Crie pertencimento. O mundo está esperando por isso.

Boa sorte.

Você pode entrar em contato comigo e com a minha equipe, encontrar planilhas e acessar outros recursos para líderes em www.charlesvogl.com.

Apêndice A

Exercícios para os Líderes

Exercícios para líderes comunitários

Estes exercícios com os "próximos passos" destinam-se aos aspirantes a líderes comunitários ou àqueles em atividade. Seguir estes passos irá ajudá-lo a esclarecer o que pretende criar e como utilizar com sucesso as ideias apresentadas neste livro. Lembre-se de que, a despeito do grau de formalidade ou informalidade que a sua comunidade prefira, os sete princípios irão provavelmente tornar-se evidentes com o tempo.

Talvez você ainda não tenha respostas para todas as perguntas apresentadas nos exercícios. Isso é perfeitamente normal. As respostas podem surgir naturalmente com o tempo. De qualquer forma, o fato de saber que essas perguntas podem surgir fará uma enorme diferença na criação de clareza e potencialidade.

Definindo minha comunidade

As comunidades devem ser definidas em algum nível para que os integrantes em potencial possam saber se pertencem a elas.

Qual é o nome ou a descrição de nossa comunidade? *(Exemplo: uma comunidade de entusiastas de mountain bike na região da Bay Area de São Francisco.)*

Quem está em nossa comunidade atualmente?

Quem queremos em nossa comunidade que ainda não está nela?

Quem não deveria estar em nossa comunidade? *(Realmente, quem não compartilha nossos valores?)*

Valores

Quais são os valores fundamentais de nossa comunidade?

Como podemos saber se esses são os valores?

Como as outras pessoas (*integrantes atuais e pessoas interessadas em se tornar integrantes*) podem saber que esses são os nossos valores?

Identidade

Quem nossa comunidade diz aos integrantes que somos (*em qualquer parte de nossas vidas*)?

O que nossa comunidade diz aos integrantes que devemos fazer (*sobre qualquer coisa*)?

Em que nossa comunidade diz aos integrantes que devemos acreditar (*sobre qualquer coisa*)?

Prescrições morais

Que prescrições morais em nossa comunidade são diferentes das de outras no mundo?

O que e quem nós protegemos?

O que é um comportamento inaceitável?

O que compartilhamos *(conhecimento, objetos, acesso)*? Com quem compartilhamos essas coisas?

Quem respeitamos particularmente? Como demonstramos respeito?

Generosidade

Como expressamos generosidade uns com os outros como integrantes? *(Ou seja, o que os integrantes experimentam além da transação?)*

Como expressamos generosidade aos visitantes sem nos preocuparmos com a transação?

Quais são os modelos de relacionamento que vão além da transação?

Compreensão

O que nossos membros querem que os outros entendam sobre eles sem ter de se explicar?

Exercícios - Fronteira

As comunidades têm uma fronteira entre outsiders e integrantes.

Reconhecimento dos integrantes

Sabemos, de maneira formal ou informal, quem está em nossa comunidade e quem está fora dela? *(Mesmo as comunidades autosselecionadas têm integrantes e outsiders).*

Como sabemos quando alguém está inserido na comunidade?

Fronteira - Convite

Quem são os nossos guardiões que podem receber novos integrantes (*de maneira informal ou formal*)?

Como os recém-chegados os encontram e acessam?

Fronteira - Proteção

Quem mantém a fronteira para que saibamos quem está dentro e quem está fora? *(Podem ser várias pessoas ou apenas uma, e sua função pode ser informal ou formal).*

Alguém já teve sua entrada negada ou foi rejeitado? Como isso foi imposto?

Como preferimos impor limites para proteger os valores de nossa comunidade?

Exercícios - Iniciação

As comunidades têm algum tipo de cerimônia de iniciação, por meio da qual os novos integrantes sabem que são oficialmente bem-vindos.

Qual é a atividade que é entendida como reconhecimento oficial e boas-vindas à comunidade (*por menor que ela seja*)?

Como os visitantes podem ser reconhecidos como integrantes? Como eles aprendem a se tornar integrantes?

Os integrantes gostariam de ter a opção de uma iniciação mais ritualizada?

Ritual de iniciação

Onde você prefere que a iniciação seja realizada (*se for em algum lugar*)? O que é ou deve ser dito?

Quem lidera ou está presente na iniciação?

Lembrança

Que item você presenteia aos integrantes para que sirva de lembrança de seu pertencimento?

Privilégios

Quais privilégios os integrantes ganham quando são recebidos na comunidade? *(Conexão mais próxima, respeito, mais acesso e compreensão são importantes.)*

Exercícios - Ritual

As comunidades maduras têm rituais que honram momentos ou eventos importantes.

Momentos do ritual

Quais atividades são rituais importantes para a comunidade? *(Mesmo as atividades que não são rotuladas como rituais contam. Dica: se você mudar essas atividades, os membros sentirão sua ausência e ficarão chateados.)*

Que eventos, transições ou memoriais os integrantes apreciam e são reconhecidos pela comunidade?

Ritual de exposição da comunidade

Quando e como os integrantes se reúnem para mostrar sua participação e ver outras pessoas na comunidade?

Rituais de celebração

Quando os integrantes celebram juntos como uma comunidade? *(Eventos esportivos e festas contam.)*

Formato de cada ritual

Que atividades os integrantes gostam de fazer juntos que sejam especiais? *(Festas, esportes, silêncio, canto e brindes contam.)*

Que tradições rituais *(se houverem)* você prefere manter?

Quem, de preferência, está presente?

Quem, de preferência, lidera?

O que você prefere que seja dito?

Lembrança para cada ritual

O que você passa adiante ou deixa para trás para se lembrar do momento do ritual?

Exercícios - Templo

As comunidades maduras têm um local especial onde os membros se reúnem e realizam rituais. Esses rituais podem incluir recreações ou rituais de honra.

Onde os membros se reúnem para realizar rituais *(até mesmo rituais de celebração)*?

Qual é o lugar mais importante para a comunidade?

Como você torna esse lugar especial quando a comunidade se reúne?

Espaço sagrado

Que espaços são especiais além do local principal?

Quando esses espaços são especiais? *(Por exemplo, o tempo todo, uma vez por ano ou alguma outra frequência.)*

Como você designa os espaços como especiais? *(Convidar pessoas ao local para um evento específico conta.)*

Exercícios - História

As comunidades maduras têm histórias para contar que fortalecem sua identidade e compartilham seus valores com os recém-chegados.

Histórias de origem

Que história de origem sobre a comunidade você quer que os recém-chegados conheçam e entendam?

Quem estava envolvido? Quando isso aconteceu?

Qual era o objetivo da comunidade? Quais desafios foram enfrentados?

O que foi aprendido na criação da comunidade?

Histórias de valores

Que história você quer que os recém-chegados entendam que revela como os valores fundamentais da comunidade foram mantidos ao enfrentar um momento desafiador?

Histórias de vulnerabilidade

Quando a comunidade ou determinados integrantes falharam e que lições importantes foram aprendidas?

Histórias pessoais

Que histórias pessoais sobre os integrantes você gostaria que todos os outros aprendessem?

Como os integrantes podem compartilhar suas histórias com outras pessoas?

Como os recém-chegados ou os visitantes podem conhecer histórias sobre os integrantes?

Histórias de compartilhamento e aprendizado

Que oportunidade você pode criar para que os integrantes possam compartilhar suas próprias histórias e ouvir histórias importantes para a sua comunidade?

Exercícios - Símbolos

Quais são os símbolos mais importantes para sua comunidade? O que eles representam?

Quem os utiliza? Como eles são usados?

Como eles se tornaram símbolos?

Quais lembranças os integrantes têm ou poderiam ter e que significado elas têm ou poderiam ter?

O que eles podem significar?

Exercícios - Círculo interno

Quais são os nomes dos círculos internos de sua comunidade e quais são os privilégios de cada um? *(Não crie novos círculos internos que não sejam úteis.)*

Visitante

Novato

Integrante

Ancião

Ancião principal

Como os integrantes entram nos círculos internos?

Como os integrantes aprendem o caminho para os círculos internos?

Como os integrantes experientes demonstram sua preocupação além de si mesmos?

O diaconato tem autoridade nas seguintes áreas: proteger os limites, oficiar rituais e ensinar os valores da comunidade. Quem representa o diaconato em sua comunidade? *(Eles provavelmente são chamados de outra coisa e podem até não ter título.)*

Como os integrantes sabem que essas pessoas são o diaconato?

Como outras pessoas podem se unir ao diaconato?

Como você sabe qual contribuição é mais valorizada do que a dos outros?

Ideia avançada: Exercícios - Liderando o crescimento

As comunidades maduras ensinam os integrantes a ser bem-sucedidos em algo que desejam alcançar (*fazer amigos que os apoiam é importante*).

Em que seus integrantes querem ter sucesso? *(Criar amizades seguras, profundas e conectadas é importante. O mesmo acontece com o aprendizado de uma habilidade.)*

Que habilidades externas eles estão aprendendo *(de maneira informal ou formal)*? *(Como ser um vizinho solidário, apoiar novos amigos e criar uma vizinhança segura conta.)*

Como eles aprendem?

Que sabedoria eles estão aprendendo sobre saúde mental e emocional?

Como os integrantes entendem que algo não é o que parece para quem está de fora?

Leve para a comunidade

Quando você, como líder, tiver preenchido os exercícios com o máximo de detalhes possível, deverá ter novas ideias sobre como fortalecer sua comunidade. A próxima etapa é levar essas ideias aos seus membros, ou àqueles que você acha que querem ser seus integrantes, e pedir a opinião deles. Prometo que você ficará surpreso! E provavelmente ficará surpreso com o quanto eles apreciarão um esforço honesto, baseado em valores e acolhedor para fortalecer sua comunidade.

Você pode entrar em contato comigo e com a minha equipe, bem como baixar planilhas, em www.charlesvogl.com.

Apêndice B

Estudo de Caso da Comunidade do Jantar

Este estudo de caso mostra como usei um conjunto de exercícios para fazer perguntas sobre os sete princípios na comunidade do jantar da Prospect Street que ajudei a criar. Suas respostas devem refletir você, não a comunidade do jantar.

Introdução aos jantares da Prospect Street

Quando cheguei a Yale, a mulher que hoje é minha esposa, Socheata, e eu nos mudamos para uma pequena casa na Prospect Street. Estávamos morando em Nova York há cerca de seis anos e não conhecíamos praticamente ninguém em New Haven.

Anos antes, eu havia conhecido Lolita Jackson, uma sábia e experiente construtora de coalizões políticas, que agora ocupava cargos de alto escalão com sucessivos prefeitos de Nova York. Isso é incomum para qualquer pessoa, ainda mais para uma mulher afro-americana. Lolita me ensinou a importância de reservar um tempo para convidar outras pessoas para "experiências íntimas". Ela me explicou que conhecer pessoas em festas, sair com elas em bares e cumprimentá-las em conferências não contava para criar relacionamentos profundos e significativos. Não há nada de errado em se encontrar em grandes eventos, disse ela, mas são as experiências íntimas que constroem um relacionamento. Isso é verdade na religião, na política, nos negócios e na vida.

Em algum nível, explicou Lolita, essa sabedoria se resume à matemática. O número de amizades reais que você criará está relacionado a alguma função de quantas experiências íntimas você cria. Para criar experiências, você precisa programá-las. É preciso priorizá-las em sua vida, entendendo que essas experiências podem proporcionar o que você deseja — um grupo de amigos que se manteria unido nos momentos difíceis, desfrutaria dos momentos calmos e celebraria os momentos felizes. Mais importante ainda, isso criaria uma mudança social ao reunir habilidades, sabedoria, acesso, dinheiro e força que só podem ser encontrados em uma comunidade.

Eu também queria viver a sabedoria de C. S. Lewis e escapar do ciclo interminável do círculo interno. Ele disse que a maneira de escapar disso é se envolver em algo que você goste de fazer e convidar outras pessoas para se juntarem a você regularmente. Ele previu que, ao fazer isso, criaríamos aquilo que buscávamos. Criaríamos amizades que, para pessoas de fora, poderiam parecer um círculo interno, mas seriam algo completamente diferente, pois qualquer pessoa que compartilhasse os mesmos valores poderia participar. As amizades nos libertariam da busca pelo círculo interno.

Combinando a sabedoria deles, Socheata e eu estávamos oferecendo jantares para um ou dois convidados em nosso minúsculo apartamento no Queens, cerca de duas vezes por semana, há anos. Desenvolvemos algumas de nossas amizades mais próximas dessa forma. Agora, em New Haven, tínhamos uma casa um pouco maior e podíamos convidar um número maior de pessoas. Visitamos brechós até reunirmos pratos, copos, travessas, colheres de servir e todos os outros itens necessários para receber pelo menos doze pessoas.

Na primeira semana do meu primeiro semestre, enviei um convite a todo o meu departamento, convidando todos que quisessem se juntar a nós para um jantar na sexta-feira à noite. Socheata e eu fizemos um banquete. Se bem me lembro, vieram cerca de dezoito pessoas, a maioria desconhecida para nós.

Não cabíamos em nossa mesa, então nos espalhamos pelo chão. Todos queriam fazer novos amigos.

Parecia um sucesso instantâneo, mas nas seis semanas seguintes descobri um problema. Quando a novidade de nossos jantares passou, a frequência caiu de forma drástica. Havia muitas coisas para fazer nas noites de sexta-feira em Yale, de modo que nossa casa não oferecia muito drama. Logo eu não sabia se dez pessoas, quatro ou ninguém se juntaria a nós. Eu nunca sabia o quanto cozinhar ou exatamente quando nossos convidados surpresa chegariam. De qualquer forma, eu teria que passar umas boas cinco horas comprando e preparando uma refeição.

Comecei a pedir confirmações de presença para saber quantos convidados esperar. Era decepcionante quando os amigos me diziam que iriam se juntar a nós, eu cozinhava por horas e depois, pouco antes do jantar, eles escolhiam uma melhor opção para a noite. Era muito fácil cancelar o jantar gratuito dessa semana quando eles sabiam que haveria outro na semana seguinte. Depois de muitos cancelamentos de última hora, comecei a questionar meu valor. Eu me perguntava se o que estava fazendo valia o tempo, as contas do supermercado e o risco pessoal de convidar tantas pessoas, a maioria das quais recusava ou me ignorava semana após semana. Eu me perguntava quem achava que eu era um perdedor porque convidava tantas vezes e a maioria nunca vinha. Era muito trabalhoso, mas não muito divertido.

Em algum momento do segundo semestre, o fluxo de confirmações de presença e cancelamentos e a corrida para preencher os assentos cancelados começaram a ser demais. Criei um sistema de confirmação de presença online para não ter de responder a todas as solicitações ou cancelamentos pessoalmente. Naquela semana, dois amigos me disseram que não queriam mais ser convidados porque, com um sistema de inscrição, o evento estava muito "institucionalizado". Aparentemente, eles preferiam que eu fizesse compras, cozinhasse, hospedasse e anotasse pessoalmente cada cancelamento e confirmação de presença.

Ainda assim, os números aumentaram e nossa pequena série de jantares ficou famosa e cheia. Alguns amigos voltavam com frequência suficiente para saber onde guardávamos nossos utensílios de cozinha e como nos organizávamos e, é claro, ajudavam a limpar depois da refeição. Eles eram nossos frequentadores habituais e uma grande ajuda. Quando o terceiro ano começou, eu sabia que não poderíamos continuar como havíamos começado. Servir um banquete de quatro pratos para doze a quatorze pessoas todas as sextas-feiras à noite era exaustivo e ocupava uma grande parte de nossas vidas. Nos dois primeiros anos, Socheata e eu fazíamos as compras e cozinhávamos cada refeição. Se quiséssemos continuar, precisaríamos de ajuda.

Em uma tarde ensolarada de outono, um grupo convidado de nossos frequentadores assíduos sentou-se no salão da universidade para inventar um sistema totalmente novo para dar continuidade à série de jantares, agora robusta. Eles adoravam as amizades e a comunidade que os jantares haviam criado, tanto quanto nós. Decidimos que cada um de nós assumiria a responsabilidade por dois jantares por semestre como líderes do jantar. Cada um de nós recrutaria os voluntários necessários para nossos próprios jantares. Com o tempo, os voluntários passariam a liderar os jantares. Gradualmente, os jantares ficaram cada vez melhores, pois os novos líderes trouxeram sua própria herança e um novo entusiasmo. Muitos anfitriões faziam receitas antigas de família para compartilhar em seus jantares. Em duas ocasiões, as mães foram trazidas de longe para ajudar a organizar e criar receitas de família.

Morávamos a pouco mais de um quilômetro de distância do campus central de Yale. Os alunos de graduação tinham que caminhar meia hora para cada lado ou pegar o ônibus do campus para se juntar a nós. Ambas as opções levavam cerca de uma hora de ida e volta. Mesmo assim, cerca de metade dos nossos convidados eram alunos de graduação de Yale! Isso me surpreendeu porque os alunos de graduação de Yale têm nada menos que doze refeitórios à sua disposição todas as noites, com buffet de saladas orgânicas, sobremesas feitas na hora e até pizza assada no forno. Todos eles tinham crédito pré-pago para cada refeição. Eu me perguntava por que eles estavam gastando tanto tempo em uma sexta-feira à noite para se juntar a nós.

Um dia, Courtney, uma de nossas líderes, me disse que estava no campus falando ao telefone sobre nossa série de jantares. Quando desligou o telefone, outro aluno se aproximou dela e, com o entusiasmo de quem está descobrindo um segredo, perguntou se ela frequentava "os jantares da Prospect Street". A aluna queria saber como poderia conseguir um convite. Nós rimos sobre isso. Foi nesse dia que fiquei sabendo que havíamos de fato criado o que Lewis havia previsto. Em dois anos, criamos o que parecia ser um círculo interno exclusivo em Yale, embora nossa intenção fosse convidar qualquer pessoa que quisesse se juntar a nós e compartilhar uma refeição sentada.

Eu aprendi que, no cenário social dos alunos de graduação e pós-graduação em Yale, o número de ocasiões em que eles são convidados a se sentar por três a cinco horas, compartilhar uma refeição e conhecer outras pessoas sem nenhum outro objetivo é praticamente zero. O número de lugares em que os professores, funcionários ou alunos podem conversar profundamente com alguém de fora de seus departamentos também é muito pequeno. Em nossos jantares, também incluímos amigos de fora da universidade e até mesmo estranhos que, de alguma forma, nos descobriram por conta própria.

Eu também aprendi que o conceito de oferecer uma refeição de quatro pratos para estranhos, sem custo e sem nenhuma agenda oculta, ultrapassava os limites da credulidade para muitos. Em um outono, recebi uma ligação telefônica de uma aluna de pós-graduação que me perguntou várias vezes onde exatamente os jantares eram realizados. Fiquei confuso porque o local estava especificado no site para confirmação de presença. Por fim, entendi que ela não acreditava que estivéssemos simplesmente oferecendo uma refeição em nossa casa para criar amizades. Ela estava convencida de que se tratava de um evento secreto de recrutamento e queria saber qual organização estava organizando o evento. Ela desligou o telefone ainda irritada porque eu não revelaria quem estava "realmente" organizando o evento.

Em três anos, havia poucos lugares no campus onde Socheata e eu pudéssemos ir sem que alguém nos conhecesse como anfitriões da série de jantares. Sem dúvida, os jantares se tornaram o local de fundação de algumas de nossas amizades mais queridas. As amizades criadas em uma mesa de jantar podem e de fato mudam a vida dos convidados.

Certa noite, uma universitária que chamarei de Janice conheceu meus amigos Eric e Jane, que estavam se preparando para a ordenação como sacerdotes episcopais. Ao ouvir a conversa deles, eu não sabia que Eric e Jane eram os primeiros cristãos liberais defensores da justiça social com quem Janice havia conversado. Ao conhecer Eric e Jane, ela descobriu um mundo cristão mais acolhedor e inclusivo do que ela imaginava que o cristianismo poderia ser. A conversa daquela noite deu início à sua jornada para o cristianismo. A conversa daquela noite deu início à sua jornada para se assumir gay para seus pais cristãos conservadores e a levou a fundar o primeiro grupo social LGBTQ de graduação nos trezentos anos de história de Yale. Cerca de metade das vezes, os alunos de graduação lideravam nossos jantares. Na maioria das vezes, eles não tinham experiência em preparar um jantar para quatorze pessoas com vários pratos. Em quase todos os casos, eles superestimaram o que poderiam cozinhar e a rapidez com que o fariam. Eram quase sempre desastrosos, embora tentássemos manter os padrões elevados. Lembro-me de quando um aluno preparou apenas metade de sua refeição e tentou freneticamente concluir o restante em uma cozinha cheia de ingredientes e pratos sujos. Naquele momento, tive um insight. Enquanto tentava ajudar o aluno a limpar tudo antes de começar a preparar o próximo prato, percebi que estávamos fazendo muito mais do que apenas servir refeições e oferecer um espaço para a amizade. Estávamos treinando a próxima geração de ótimos anfitriões. Percebi que muitos amigos estavam vindo para aprender a fazer isso, e não apenas para experimentar.

No quarto ano, nosso amigo Arjan concordou em coordenar os líderes para que eu não precisasse agendar datas ou criar listas de convidados e de voluntários. Ele fez um trabalho muito melhor do que o meu. No ano seguinte, Sam assumiu a função de coordenador e aprimorou ainda mais nosso sistema. Atendendo a centenas de pessoas, a série funcionou de forma mais tranquila e teve mais mentes inteligentes e comprometidas em sua organização.

Desde que deixei o campus, ainda ouço histórias sobre como esses jantares mudaram a vida de nossos convidados. Um amigo, que tem um cargo importante no Google, me disse que, embora tenha participado de nossos jantares apenas duas vezes, eles estão entre os destaques de sua experiência em Yale. Outro amigo me disse que tudo o que ama em sua vida ele atribui ao fato de ter nos conhecido (de verdade). Os relacionamentos que ele fez em nossa casa e comunidade abriram as portas para a vida que ele tem agora, incluindo o encontro com sua atual esposa. Lydia me disse que começou a namorar seu atual marido tão rapidamente porque o conheceu em nossa mesa de jantar.

Essa série de jantares terminou quando todos nós deixamos a universidade. Mas nossos relacionamentos continuaram à medida que nos espalhamos pelo mundo, e alguns de nossos integrantes começaram suas próprias reuniões em suas novas cidades natais. Que as amizades continuem.

Exemplo dos exercícios dos jantares da Prospect Street

Definindo minha comunidade

As comunidades devem ser definidas em algum nível para que os integrantes em potencial possam saber se pertencem a elas (ou se querem fugir).

Qual é o nome ou a descrição de nossa comunidade?

Jantares da Prospect Street (ou Jantares de sexta-feira à luz de velas em Yale). Somos pessoas que gostam de cozinhar e compartilhar longos jantares, sem distrações, a fim de fazer novas amizades e aprofundar outras.

Quem faz parte de nossa comunidade?

Pessoas que moram em New Haven ou nas imediações. Principalmente pessoas que trabalham ou estudam em Yale, embora haja exceções.

Quem queremos em nossa comunidade e que ainda não faz parte dela?

Há muitas pessoas em New Haven e nos arredores que gostaríamos de incluir. Isso inclui outras pessoas que valorizam o compartilhamento de jantares e conversas para criar amizades. Elas podem se sentir solitárias ou simplesmente querer encontrar outras pessoas que buscam amizades profundas. Elas entendem o valor de participar com outras pessoas para criar um espaço especial e respeitoso para a amizade.

Quem não deve participar de nossa comunidade?

Aqueles que priorizam uma noite de sexta-feira para se embebedar, se divertir, impressionar os outros ou fugir da mídia. Aqueles que estão priorizando uma refeição gratuita. Aqueles que priorizam jantares para exibir proezas culinárias em vez de criar amizades. Aqueles que criam uma distração do objetivo do evento. Aqueles em quem não se pode confiar para ser respeitoso ou seguro na casa de um estranho.

Valores

Quais são os valores fundamentais de nossa comunidade?

Nossas vidas são profundamente enriquecidas pela criação dessas coisas:

Amizade profunda
Conversas honestas e ponderadas sobre ideias
Criação de um espaço especial protegido para receber outras pessoas
Convidar estranhos para conhecer a nós e uns aos outros

Como podemos saber que esses são os valores?

Amizade profunda: Ouvimos uns aos outros e oferecemos apoio para desafios e metas.

Conversa honesta: Criamos conversas de três a quatro horas por semana.
Espaço especial de boas-vindas: Preparamos um local especial a cada semana e damos as boas-vindas a estranhos que queiram se juntar a nós.
Convite a estranhos: Tornamos a participação disponível para estranhos. Incentivamos os participantes a convidar quem quiserem.

Como outras pessoas (integrantes atuais e pessoas interessadas em se tornar membros) podem saber que esses são nossos valores?
Elas podem ver como criamos atividades consistentes com nossos valores. Elas podem ver os valores explicitamente mencionados em nossos convites. Fazemos referência a esses valores no início de cada um de nossos jantares.

Identidade

Quem nossa comunidade diz aos integrantes que somos (em qualquer parte de nossas vidas)?
Somos pessoas que estão procurando conexões. Somos pessoas que enriquecem os outros oferecendo amizade. Somos generosos em nossos convites e com nosso tempo.

O que nossa comunidade diz aos integrantes que devemos fazer (em relação a qualquer coisa)?
Passar tempo com estranhos. Compartilhar longas conversas com outras pessoas sem ser incomodados. Criar novas amizades para enriquecer nossa vida.

O que nossa comunidade diz aos integrantes que devemos acreditar (sobre qualquer coisa)?
Receber e hospedar outras pessoas é importante e generoso. Conhecer estranhos e passar tempo com eles é divertido e importante. Servir um jantar é muito menos importante do que os relacionamentos que se formam durante o jantar. As amizades tornam nossa vida e a das pessoas ao nosso redor muito mais divertidas e poderosas.

Crenças

Em que os integrantes plenos devem acreditar para participar?
Compartilhar uma refeição em conjunto é uma ferramenta poderosa para criar e fortalecer relacionamentos.
Cooperar para organizar jantares é importante.

Conversas longas e pacientes são importantes e enriquecem vidas.
Conhecer novas pessoas, ouvir e compartilhar são importantes e enriquecedores.

Prescrições morais

Que prescrições morais em nossa comunidade são diferentes das de outras pessoas no mundo?
É importante convidar desconhecidos.
É importante dar a todos os convidados a oportunidade de compartilhar igualmente.
É importante falar sobre coisas que importam.
É importante ser vulnerável ao criar um relacionamento.
É importante honrar os anfitriões e convidados chegando no horário.

O que e quem protegemos?
Protegemos o espaço e o tempo do ritual para a construção de amizades.
Protegemos as esperanças, os sonhos e o potencial das pessoas em nosso espaço.
Protegemos aqueles que se esforçam para oferecer uma refeição e criar um evento de boas-vindas.

O que é um comportamento inaceitável?
Reservar espaço e não comparecer sem comunicação.
Afrontar outras pessoas durante o jantar.
Comprometer-se a entregar um item ou serviço e não entregar.
Comer e ir embora sem participar da conversa.

O que compartilhamos (conhecimento, objetos, acesso)?
Comida, tempo, conversa, conhecimento.
Amizade e sabedoria de construção de comunidade. Habilidades e sabedoria para organizar jantares.
Com quem compartilhamos essas coisas?
Pessoas em New Haven, nas proximidades ou que estejam visitando a localidade, que queiram se juntar a desconhecidos para um jantar e fazer amizades.

A quem respeitamos de maneira particular?
Os voluntários que financiam e fazem o trabalho de oferecer o presente de uma refeição a desconhecidos.

Como demonstramos respeito?
Oferecemos ajuda. Nós os convidamos para eventos em primeiro lugar. Nós os convidamos para eventos e refeições particulares onde não há pessoas de fora.

Compreensão

O que nossos integrantes querem que os outros entendam sobre eles sem ter de se explicar?
Estamos procurando por amizade. Queremos ser amigos.
Queremos ser generosos.
Queremos compartilhar de nós mesmos oferecendo alimentos. Queremos dar as boas-vindas aos outros.
Queremos conhecer os outros de uma forma que só pode acontecer com longas conversas.

Exercícios - Fronteira

As comunidades têm uma fronteira entre integrantes e outsiders.

Reconhecimento dos integrantes

Sabemos, de maneira formal ou informal, quem está em nossa comunidade e quem está fora dela? (Mesmo as comunidades autosselecionadas têm integrantes e outsiders.)
A associação é, em sua maioria, informal. Entretanto, os integrantes que se voluntariam mais de uma vez, lideram um jantar ou patrocinam um jantar estão claramente dentro da comunidade.

Como sabemos quando alguém está inserido na comunidade?
Para membros informais, que eles participem de pelo menos três jantares e sejam voluntários durante o evento.

Fronteira- Convite

Quem são os nossos guardiões que podem receber novos integrantes (de maneira formal ou informal)?
Qualquer líder ou coordenador de jantar é um guardião.

Como os recém-chegados os encontram e acessam?
Há líderes de jantares em cada jantar. Eles são sempre identificados e reconhecidos.

Fronteira - Proteção

Quem mantém a fronteira para que saibamos quem está dentro e quem está fora? (Podem ser várias pessoas ou apenas uma, e sua função pode ser informal ou formal.)
Socheata e eu mantemos os limites. A série é realizada em nossa casa. Podemos excluir quem quisermos.

Alguém já teve sua entrada negada ou foi rejeitado?
Sim. Qualquer pessoa que se inscreva para um jantar e depois não compareça e nunca comunique esse fato terá seu lugar negado no futuro. Reservamos espaço para aqueles que comparecerem às refeições preparadas.

Como isso foi aplicado?
Eu disse a eles que não tinham permissão para reservar outro lugar.

Como preferimos impor o limite para proteger os valores de nossa comunidade?
Qualquer líder do jantar ou eu podemos dizer a qualquer visitante ou membro o que não é permitido ou quando ele não pode comparecer.

Exercícios - Iniciação

As comunidades têm algum tipo de cerimônia de iniciação, pela qual os novos integrantes sabem que são oficialmente bem-vindos.

Qual é a atividade que é entendida como reconhecimento oficial de afiliação e boas-vindas à comunidade (não importa quão pequena ela seja)?
Ouvir a sabedoria sobre como escapar da armadilha do círculo interno criando amizade.

Como os visitantes podem ser reconhecidos como integrantes?
Eles são reconhecidos explicitamente quando se voluntariam para oferecer um jantar para outras pessoas.

Como eles ficam sabendo como se tornar um integrante?
Todos são convidados a entrar em contato com o coordenador e oferecer-se para ser voluntário ou liderar um jantar, caso se sintam inspirados.

Os integrantes gostariam de ter a opção de uma iniciação mais ritualizada?
Sim. Seria mais forte dar permissão oficial para que os integrantes convidem seus próprios convidados para os jantares. Isso poderia incluir um cartão feito à mão que eles pudessem compartilhar com outras pessoas como um convite.

Ritual de iniciação

Onde você prefere que a iniciação seja realizada (se for em algum lugar)?
No espaço onde realizamos os jantares.

O que deve ser dito?
Reconhecimento de seu compromisso de criar um espaço para que outras pessoas criem conexões.
Lembrete de que para fazer mudanças no mundo é preciso uma comunidade. Nós, que formamos a comunidade, estamos construindo os músculos e as ferramentas para criar mudanças profundas.
Lembrete de que fazemos tudo isso para mudar vidas para o resto de nossos dias e para mais pessoas do que jamais saberemos.
Permissão para convidar outras pessoas para participarem do jantar.

Quem lidera ou está presente na iniciação?
O coordenador do jantar ou o anfitrião fundador. Pelo menos um líder do jantar.

Lembrança

Qual item vocês dão aos membros para que levem e lembrem-se de que pertencem à comunidade?
Será necessário perguntar aos membros o que eles acham que simbolizaria bem a comunidade.
Uma ideia é dar dois pares de pauzinhos feitos à mão porque eles simbolizam a união e o compartilhamento de uma refeição.

Outra ideia é dar um suporte de vela para representar a preparação de uma mesa de boas-vindas para outras pessoas.

Privilégios

Que privilégios os integrantes ganham quando são recebidos na comunidade? (Conexão mais próxima, respeito, mais acesso e compreensão, todos contam.)

Eles têm uma conexão mais próxima com outros integrantes.
Eles são treinados para organizar jantares para criar conexões.
Eles podem convidar qualquer pessoa que queiram para participar de um jantar.
Eles têm acesso à lista de contatos dos integrantes.
Eles participam de uma tribo maior do que eles.

Exercícios - Rituais

As comunidades maduras têm rituais que honram momentos ou eventos importantes.

Momentos do ritual

Que atividades são rituais importantes para a comunidade? (Mesmo as atividades que não são rotuladas como rituais contam. Dica: se você mudasse as atividades, os integrantes sentiriam sua ausência e ficariam chateados.)

O ritual do jantar de abertura.
Reunir-se ao redor da mesa para dar as boas-vindas.
Identificar os visitantes de primeira viagem.
Compartilhar a história da tradição da série.
Fazer referência ao círculo interno de Lewis.
Compartilhar a intenção da série de criar amizade.
Compartilhar o cardápio.
Convidar o líder a compartilhar uma oração em qualquer idioma e tradição que seja a sua.
Mudança de assento antes do prato de sobremesa.
Sentar-se novamente para a apresentação da sobremesa.
Servir um prato de chocolate, frutas e chá para que os convidados saibam que podem ficar.

Quais eventos, transições ou momentos memoriais os associados apreciam que sejam reconhecidos pela comunidade?
Visitas aos pais, familiares ou amigos.
Sucesso em inscrições escolares, ofertas de emprego, prêmios de bolsas de estudo e assim por diante. Lutas com desafios médicos ou acadêmicos.

Ritual de exposição da comunidade

Quando e como os integrantes se reúnem para mostrar sua participação e ver outras pessoas na comunidade?
Os jantares em si expõem a participação conjunta. O planejamento do cardápio, as compras e a preparação das refeições são feitos em particular.

Rituais de celebração

Quando os integrantes celebram juntos como uma comunidade? (Eventos esportivos e festas contam.)
Os jantares são um tipo de celebração. Há eventos privados, como concertos, preparação de tortas e festas em casa, em que os integrantes também se reúnem para comemorar.

Formato de cada ritual

Quais atividades os integrantes gostam de fazer juntos que sejam especiais? (Festas, esportes, silêncio, canto e brindes contam.)
Cozinhar.
Comer.
Almoço de domingo.

Que tradições rituais (se houver) você prefere manter?
É muito importante manter o ritual do jantar de abertura, pois ele confere solenidade e intenção ao evento.

Quem preferencialmente está presente?
Líder, voluntário, novos convidados.

Quem, de preferência, lidera?
O líder do jantar da noite.

O que deve ser dito?

Boas-vindas.
Compartilhar a tradição da série.
Fazer referência ao círculo interno de Lewis.
Compartilhar a intenção da noite de criar amizade.

Lembrança para cada ritual

O que você deixa para trás ou passa adiante para lembrar o momento do ritual?

Neste momento, oferecemos apenas lembranças e convites para o futuro. Poderíamos tornar a experiência mais poderosa oferecendo uma lembrança para os convidados e integrantes levarem consigo. Pode ser um conjunto de palitinhos feitos à mão ou um pingente de um cachorro maltês. A referência ao maltês pode ser útil porque a nossa cadelinha participa de todos os jantares e é um grande destaque para os universitários que não têm animais de estimação. Além disso, ela é mencionada em cada convite para o jantar.

Exercícios - Templo

As comunidades maduras têm um lugar especial onde os integrantes se reúnem e realizam rituais. Esses rituais podem incluir brincadeiras ou rituais de honra.

Onde os integrantes se reúnem para realizar rituais (até mesmo rituais de brincadeira)?

Em nossa casa na Prospect Street.

Qual é o lugar mais importante para a comunidade?

Nossa casa na Prospect Street.

Como vocês tornam esse lugar especial quando a comunidade se reúne?

O espaço é limpo e o lixo é removido.
Uma mesa de jantar é montada para acomodar exatamente o número de convidados registrados.
Pelo menos uma vela por convidado é acesa sobre a mesa.
Uma refeição de pelo menos quatro pratos é preparada para ser servida.
A intensidade das luzes é reduzida.

Espaço sagrado

Que outros espaços são especiais além do local principal?
Não me lembro de nenhum.

Quando esses espaços são especiais? (Por exemplo, o tempo todo, uma vez por ano ou alguma outra frequência.)
Pelo menos uma vez por semana. Em outras ocasiões, nos reunimos para refeições improvisadas ou para a sobremesa. O espaço também é usado para comemorar aniversários, sucessos e fracassos.

Como você designa os espaços como especiais? (Convidar pessoas para o local para um evento específico conta.)
Os convites são enviados.
O espaço é limpo.
Uma refeição fresca é preparada.

Exercícios - História

As comunidades maduras têm histórias para contar que fortalecem sua identidade e compartilham valores com os recém-chegados.

Histórias de origem

Que história de origem sobre a comunidade você quer que os recém--chegados conheçam e entendam?
Queremos que os visitantes saibam que Socheata e eu começamos a série em nossas primeiras semanas em New Haven, em parte inspirados pela sabedoria do círculo interno de C. S. Lewis; que cozinhamos todas as refeições nos dois primeiros anos e que isso se tornou muito difícil; e que os voluntários assumiram a maioria das refeições a fim de receber estranhos de Yale e New Haven para aproveitar o tempo juntos.

Quem estava envolvido?
Socheata e eu começamos a série. Lydia, James, Courtney e Bjorn foram os primeiros voluntários. Arjan assumiu a coordenação de todos os jantares quando eles se tornaram excessivos.

Quando foi o evento?
Começamos em agosto de 2007.

Qual era a meta da comunidade?
Construir diversas amizades que enriqueceriam nossas vidas e nos ajudariam a criar um impacto maior pelo resto de nossos dias.

Quais foram os desafios enfrentados?
Foi difícil descobrir como convidar as pessoas para que elas entendessem o que estávamos fazendo, como planejar o tamanho dos jantares, como convidar voluntários suficientes e quantas horas eram necessárias para preparar as refeições a cada semana.

O que foi aprendido na criação da comunidade?
Precisamos deixar claro que os relacionamentos são muito mais importantes do que a comida.
Estamos ensinando as pessoas a organizar jantares tão poderosos quanto os que estamos organizando.
Muitas pessoas se sentem solitárias e anseiam por um momento específico para estabelecer conexões profundas.

Histórias de valores

Que história você quer que os recém-chegados entendam que revela como os valores fundamentais da comunidade foram mantidos ao enfrentar um momento desafiador?

A explosão do pirex: A história sobre a vez em que Scott explodiu um prato de pirex no forno durante a refeição. Foi quando entendemos que o equipamento que usamos para as reuniões estava lá simplesmente para ser usado. Quebrar coisas é algo esperado quando se realiza tantos eventos. A experiência é muito mais importante do que o equipamento.
Noite das costelas: A história de Jake preparando costelas sulistas para o jantar e oferecendo ao único convidado vegetariano um hambúrguer vegetariano feito no micro-ondas. Foi nessa noite que aprendemos que precisávamos honrar cada convidado com uma ótima refeição e garantir que houvesse uma boa opção vegetariana em cada jantar.

Histórias de vulnerabilidade

Quando a comunidade ou alguns membros falharam e que lições importantes foram aprendidas?

Bolinhos: A noite em que Jane e Phil não puderam alimentar a todos porque planejaram uma refeição que demorou muito para ser preparada foi bem decepcionante. Aprendemos que precisávamos ter paciência com os anfitriões que estavam aprendendo a hospedar e que precisávamos passar mais tempo com eles planejando o que esperavam criar. Precisávamos investir em treinamento e apoio aos nossos anfitriões para que eles se comprometessem apenas com o que pudessem criar.

Histórias pessoais

Que histórias pessoais sobre integrantes você gostaria que todos os membros conhecessem?

Charles e Socheata prepararam todos os jantares da série nos dois primeiros anos.
Como Janice soube que havia comunidades cristãs que a aceitavam por ser homossexual.
Como James conheceu David durante os jantares e ambos foram para Uganda para trabalhar em um orfanato fundado por James.
Como James e Lydia se uniram durante os jantares e depois se casaram.

Como os integrantes podem compartilhar suas histórias com outras pessoas?

Durante a conversa no jantar e durante as compras e o preparo das refeições. As histórias também são compartilhadas durante a limpeza da cozinha.

Como os recém-chegados ou visitantes podem conhecer as histórias dos integrantes?

Durante a conversa no jantar, quando há tempo disponível para qualquer assunto.

Histórias de compartilhamento e aprendizado

Qual oportunidade você pode criar para que os membros compartilhem suas próprias histórias e ouçam histórias importantes para a sua comunidade?

Poderíamos criar um blog para que os visitantes pudessem enviar suas próprias histórias. Poderíamos incluir um link para essas histórias em nossos convites.

Exercício - Símbolos

Quais são os símbolos mais importantes para sua comunidade?

Reunir-se ao redor da mesa e cantar em uníssono.

As velas sobre a mesa.

A mesa posta.

Nossa cadelinha maltês, Friday.

Os chinelos (oferecidos a cada convidado quando ele chega).

O que eles representam? (Cada um representará várias coisas.)

Reunir-se ao redor da mesa e sentar-se em uníssono: paciência e presença.

Receber com generosidade.

Recreação e diversão.

Preparação.

Uma reunião sagrada.

Quem os utiliza? Como eles são usados?

Todos os itens são usados para preparar o espaço para um evento.

O pet é mencionado em todos os convites e oferecido para ser acariciado por todos os convidados.

Como eles se tornaram símbolos?

Eles foram usados durante anos.

Eram elementos distintivos de nossa série de jantares.

Que lembranças os integrantes guardam ou poderiam guardar e que significado elas têm ou poderiam ter?

Cartões feitos à mão que poderiam ser usados para convidar outras pessoas.

Velas.

Uma tigela de servir diferenciada ou outra peça de serviço para usar no futuro.

O que eles podem significar?

Participação em uma comunidade e em um ritual importante.

Generosidade.

Boas-vindas.

Recreação e diversão.

Exercício - Círculo interno

Quais são os nomes dos círculos internos de sua comunidade e quais são os privilégios de cada um? (Não crie novos círculos internos que não sejam úteis.)

Visitante: Convidados que participam da série de jantares.
Novato: Convidados que participam da série de jantares.
Membro: Voluntários que aprendem como a série é criada e convidam pessoas.
Ancião: Líderes do jantar que selecionam um cardápio, escolhem voluntários e convidam pessoas com acesso prioritário.
Ancião experiente: Coordenadores que podem vetar o cardápio e dar acesso ao local do evento a qualquer pessoa.
Ancião principal: Anfitriões fundadores que protegem os limites, moldam o ritual, escolhem as prioridades e podem vetar o cardápio.

Como os integrantes entram nos círculos internos?
Eles dizem a qualquer líder, coordenador ou anfitrião do jantar que querem se envolver mais.

Como os integrantes aprendem o caminho para os círculos internos?
Eles podem ser informados pelo coordenador ou pelos anfitriões.

Como os integrantes experientes demonstram sua preocupação além de si mesmos?
Os integrantes experientes se preocupam não apenas em se divertir, mas também em garantir que todos os convidados se divirtam. Eles farão qualquer tarefa que seja necessária para o sucesso.

Exercícios - Diaconato

O diaconato tem autoridade nas seguintes áreas: proteger os limites, oficiar rituais e ensinar os valores da comunidade.

Quem representa o diaconato em sua comunidade? (Eles provavelmente são chamados de outra coisa e podem até não ter título.)
Charles e Socheata.
Sam e Arjan.

Como os membros sabem que essas pessoas são o diaconato?
Charles e Socheata são os anfitriões.
Sam e Arjan são identificados como coordenadores no site de registro e nos eventos.

Como outras pessoas podem participar do diaconato?
Eles participam o suficiente para que se confie neles para conduzir a operação. Se pedirem para ter mais responsabilidade, ela pode ser dada por qualquer membro do diaconato.

Como você sabe qual contribuição é mais valorizada do que a dos outros?
Charles e Socheata organizam os eventos em sua própria casa. Eles escolhem o que pode e o que não pode acontecer.

Ideia avançada: Exercícios - Liderando o crescimento

As comunidades maduras ensinam os integrantes a ser bem-sucedidos em algo que desejam alcançar (fazer amigos que os apoiam é importante).

Em que seus membros querem ter sucesso? (Criar amizades seguras, profundas e conectadas é importante. Aprender uma habilidade também conta.)
Fazer amizades profundas.
Organizar jantares significativos.
Aprender a etiqueta de anfitrião de jantares.

Que habilidades externas eles estão aprendendo (de maneira informal ou formal)? (Como ser um vizinho solidário, apoiar novos amigos e criar um bairro seguro conta.)
Cozinhar.
Arrumar a mesa.
Programação.
Fazer chá.

Como eles aprendem?
Trabalhando com membros mais experientes.

Experimentando.
Lendo recursos online fornecidos pela comunidade.

Que sabedoria eles estão aprendendo sobre saúde mental e emocional?
Hospedar é compartilhar boas-vindas e dignidade muito mais do que servir comida.
Preparar um lugar especial exige tempo e paciência.
Manter a integridade pessoal é fundamental para criar um espaço em que os outros queiram entrar.

Como os integrantes entendem que algo não é o que parece para quem está de fora?
Os jantares não são bem-sucedidos porque a comida, as decorações e os convites são elaborados ou caros. Eles são bem-sucedidos porque o anfitrião cria um espaço onde cada pessoa é esperada e um lugar especial é preparado para ela. Os jantares são significativos porque o anfitrião oferece uma intenção sobre relacionamentos e dá permissão para falar sobre tópicos importantes, medos, amores e esperanças.

Notas

Prefácio à segunda edição

1. Vivek H. Murthy, *Our Epidemic of Loneliness and Isolation: The U.S. Surgeon General's Advisory on the Healing Effects of Social Connection and Community* (Office of the Surgeon General, 2023), https://www.hhs.gov/sites/default/files/surgeon-general-social-connection-advisory.pdf.

Introdução

1. C. S. Lewis, "The Inner Ring", Memorial Lecture, King's College, Universidade de Londres, 1944.
2. Murthy, *Our Epidemic*.
3. Miller McPherson, Lynn Smith-Lovin e Matthew E. Brashears, "Social Isolation in America: Changes in Core Discussion Networks over Two Decades", *American Sociological Review* 71, nº 3 (2006): 353–375.
4. Ibid.
5. "The Loneliness Epidemic Persists: A Post-pandemic Look at the State of Loneliness among U.S. Adults", Cigna Group, acesso 21 de maio de 2024, https://newsroom.thecignagroup.com/loneliness-epidemic-persists-post-pandemic-look.
6. Ibid.
7. Ibid.
8. Marta Zaraska, "Why In-Person Friendships Are Better for Health Than Virtual Pals", *Washington Post*, 28 de maio de 2024.
9. Daniel A. Cox, "The State of American Friendship: Change, Challenges, and Loss", Survey Center on American Life, 8 de junho de 2021, https://www.americansurveycenter.org/research/the-state-of-american-friendship-change-challenges-and-loss/.
10. Ibid.

11. Ibid.
12. Zaraska, "Why In-Person Friendships."
13. Ryan J. Dwyer, Kostadin Kushlev e Elizabeth W. Dunn, "Smartphone Use Undermines Enjoyment of Face-to-Face Social Interactions", *Journal of Experimental Social Psychology* 78 (2018): 233–239.
14. Varoth Chotpitayasunondh e Karen M. Douglas, "The Efects of 'Phubbing' on Social Interaction", *Journal of Applied Social Psychology* 48, nº 6 (janeiro de 2018): 304.
15. Victoria Rideout e Michael B. Robb, *Social Media, Social Life: Teens Reveal Their Experiences* (San Francisco: Common Sense Media, 2018), https:// www.commonsensemedia.org/sites/default/files/research/report/2018-social-media-social-life-executive-summary-web.pdf.
16. Monica Anderson, Michelle Faverio e Jefrey Gottfried, "Teens, Social Media and Technology 2023", Pew Research Center, 11 de dezembro de 2023, https://www.pewresearch.org/internet/2023/12/11/teens-social-media-and-technology-2023/.
17. Emily A. Vogels, Risa Gelles-Watnick e Navid Massarat, "Teens, Social Media and Technology 2022", Pew Research Center, 10 de agosto de 2022, https://www.pewresearch.org/internet/2022/08/10/teens-social-media-and-technology-2022/.
18. *Social Media and Youth Mental Health: The U.S. Surgeon General's Advisory* (2023), https://www.hhs.gov/sites/default/files/sg-youth-mental-health-social-media--advisory.pdf.
19. Joanna Slater, "How a Connecticut Middle School Won the Battle against Cellphones", *Washington Post*, 1º de maio de 2024, https://www.washingtonpost.com/nation/2024/05/01/school-cellphones-confiscate/.
20. Shawn Huber, "California Joins Growing National Efort to Ban Smartphone Use in Schools", *New York Times*, 18 de junho de 2024, https://www.nytimes.com/2024/06/18/us/california-newsom-smartphone-ban.html.
21. Slater, "How a Connecticut Middle School."
22. Ibid.
23. Murthy, *Our Epidemic*.
24. Liz Mineo, "Good Genes Are Nice, but Joy Is Better", *Harvard Gazette*, 11 de abril de 2017.
25. Matthew Pantell et al., "Social Isolation: A Predictor of Mortality Comparable to Traditional Clinical Risk Factors", *American Journal of Public Health* 103, nº 11 (2013): 2056–2062.
26. Emma Seppälä and Marissa King, "Burnout at Work Isn't Just about Exhaustion—It's Also about Loneliness", *Harvard Business Review*, 29 de junho de 2017, https://hbr.org/2017/06/burnout-at-work-isnt-just-about-exhaustion-its-also-about-loneliness.
27. Anne Bowers et al., "Loneliness Influences Avoidable Absenteeism and Turnover Intention Reported by Adult Workers in the United States", *Journal of Organizational Effectiveness: People and Performance* 9, nº 2 (2022): 312–335.

28. Bowers et al.; Hakan Ozcelik e Signal G. Barsade, "No Employee an Island: Workplace Loneliness and Job Performance", *Academy of Management Journal* 61, nº 6 (2018): 2343–2366.
29. Bowers et al., "Loneliness Influences Avoidable Absenteeism."
30. Olivia Hill, "Why Do We Work?", Association of Accounting Technicians, 31 de julho de 2014, https://www.aatcomment.org.uk/career/why-we-work/.
31. Seppälä e King, "Burnout at Work."
32. *The 2013 Millennial Impact Report* (Achieve, 2013), https://www.themillennialimpact.com/sites/default/files/reports/MIR_2013.pdf.
33. Jefrey M. Jones, "Church Attendance Has Declined in Most U.S. Religious Groups", Gallup, 25 de março de 2024, https://news.gallup.com/poll/642548/church-attendance-declined-religious-groups.aspx.

Capítulo 1: Entendendo a Comunidade

1. Robert Putnam, "Bowling Alone: America's Declining Social Capital", Citizen's Handbook, acesso em 19 julho de 2024, https://www.citizenshandbook.org/bowling_alone.html.
2. Stephanie Cooperman, "Getting Fit, Even If It Kills You", *New York Times*, 22 de dezembro de 2005.
3. "Find a CrossFit Box Near You", CrossFit, acessado em 19 de julho de 2024, https:// www.crossfit.com/get-started.
4. Christie Aschwanden, "An Insider's Guide to CrossFit", *Well* (blog), *New York Times*, 18 de agosto de 2014, http://well.blogs.nytimes.com/2014/08/18/crossfit-book-breathe-fire/?_r=0.
5. CrossFit Oakland, homepage, acesso em 13 de setembro de 2016, https://www.crossfitoakland.com/.

Capítulo 2: O Princípio da Fronteira

1. Yascha Mounk, "Is Harvard Unfair to Asian-Americans?", *New York Times*, 24 de novembro de 2014.
2. "First-Year Applicants", Harvard College Admissions Website, acesso em 2 de outubro de 2024, https://college.harvard.edu/admissions/apply/first-year-applicants.
3. Mounk.

Capítulo 4: O Princípio da Iniciação

1. Roy Baumeister et al., "Some Key Diferences between a Happy Life and a Meaningful Life", *Journal of Positive Psychology* 8, nº 6 (2013): 505–516.
2. Thomas Bach, discurso em ocasião da cerimônia de abertura dos Jogos Olímpicos, sessão nº 126, Sochi, 4 de fevereiro de 2014.
3. Jacques Rogge, discurso em ocasião da cerimônia de abertura dos Jogos Olímpicos, Londres, 28 de julho de 2012.

Capítulo 6: O Princípio do Ritual

1. Brené Brown, *Daring Greatly: How the Courage to Be Vulnerable Transforms the Way We Live, Love, Parent, and Lead* (Nova York: Gotham Books, 2012), 37.

Capítulo 8: O Princípio dos Círculos Internos

1. Lama Surya Das, entrevistado pelo autor, 26 de fevereiro de 2016, www.surya.org.
2. Lewis, "Inner Ring."
3. Cyrus Wahome, "What is Maslow's Hierarchy of Needs", WebMD, 27 de abril de 2022, https://www.webmd.com/mental-health/what-is-maslow-hierarchy-of-needs.
4. Roy F. Baumeister e Mark R. Leary, "The Need to Belong: Desire for Interpersonal Attachments as a Fundamental Human Motivation", *Psychological Bulletin* 117 (1995): 497–529.
5. S. E. Asch, "Efects of Group Pressure upon the Modification and Distortion of Judgment", in *Groups, Leadership, and Men: Research in Human Relations*, editado por Harold Guetzkow (Pittsburgh: Carnegie, 1951), 177–190.
6. Alfred Adler, citado em Gina Stepp, "A Psychology of Change", *Vision*, inverno de 2011, https://www.vision.org/visionmedia/alfred-adler-adlerian-psychology/41045.aspx.
7. Carolyn Schwartz et al., "Altruistic Social Interest Behaviors Are Associated with Better Mental Health", *Psychosomatic Medicine* 65, nº 5 (2003): 778.
8. William T. Harbaugh, Ulrich Mayr e Daniel R. Burghart, "Neural Responses to Taxation and Voluntary Giving Reveal Motives for Charitable Donations", *Science* 316, nº 5831 (2007): 1622–1625.
9. Baumeister et al., "Some Key Diferences."

Capítulo 9: Distinguir o que é Religião e Evitar Seitas

1. "Watch out for tell-tale signs", *The Guardian*, 27 de maio de 2009, https://www.theguardian.com/commentisfree/belief/2009/may/27/cults-definition-religion.
2. Elinor Ostrom, *Governing the Commons: The Evolution of Institutions for Collective Action* (Cambridge: Cambridge University Press, 1990).

Capítulo 10: Diferentes Tipos de Sucesso

1. Kurt Johnson, "Evolving toward Cooperation", *Kosmos Journal*, inverno de 2018; David Bollier, "David Sloan Wilson on Evolutionary Science and Prosocial Behavior", Resilience, 7 de novembro de 2022, https://www.resilience.org/stories/2022-11-07/david-sloan-wilson-on-evolutionary-science-and-prosocial-behavior/.
2. David Sloan Wilson et al., "Multilevel Cultural Evolution: From New Theory to Practical Applications", *Proceedings of the National Academy of Sciences* 120, nº 16 (2023): e2218222120.

Capítulo 11: Reunindo Sabedoria

1. Frederick P. Brooks Jr., *The Mythical Man-Month* (Reading, UK: Addison-Wesley, 1975).
2. Susan Fowler, *Why Motivating People Doesn't Work... and What Does*, 2ª ed. (Oakland, CA: Berrett-Koehler Publishers, 2023). Publicado no Brasil com o título *O Mítico Homem-mês: Ensaios sobre Engenharia de Software* (Rio de Janeiro: Editora Alta Books, 2018).
3. Rachel Kleinfeld, "Polarization, Democracy, and Political Violence in the United States: What the Research Says", Carnegie Endowment for International Peace, 5 de setembro de 2023, https://carnegieendowment.org/research/2023/09/polarization-democracy-and-political-violence-in-the-united-states-what-the-research-says?lang=en.
4. Ibid.
5. Catie Edmondson e Mark Walker, "One Menacing Call after Another: Threats against Lawmakers Surge", *New York Times*, 9 de fevereiro de 2022, https://www.nytimes.com/2022/02/09/us/politics/politician-death-threats.html.
6. Elizabeth L. Paluck et al., "Prejudice Reduction: Progress and Challenges", *Annual Review of Psychology* 72 (2021): 533–560.
7. Kleinfeld, "Polarization, Democracy."
8. Frances X. Frei e Anne Morriss, "Begin with Trust", *Harvard Business Review*, maio de 2020.

Capítulo 12: Como Lidar com a Comunidade Online

1. Te-Ping Chen Fo, "The Loneliness of the American Worker: More Meetings and Faceless Chats. Fewer Work Friends", *Wall Street Journal*, 27 de maio de 2024.
2. Igor Pantic, "Online Social Networking and Mental Health", *Cyberpsychology, Behavior, and Social Networking* 17, nº 10 (2014): 652–657; John F. Helliwell e Haifang Huang, "Comparing the Happiness Efects of Real and On-line Friends", PLoS One 8, nº 9 (2013): e72754.
3. Marissa King, *Social Chemistry: Decoding the Patterns of Human Connection* (Nova York: Dutton, 2021), 10.
4. Ujala Zubair, Muhammad K. Khan e Muna Albashari, "Link between Excessive Social Media Use and Psychiatric Disorders", *Annals of Medicine and Surgery* 85, nº 4 (2023): 875–878.
5. *Social Media and Youth*.
6. Marjorie Anderson e Carrie Melissa Jones, entrevistadas pelo autor, junho de 2024.
7. Zaraska, "Why In-Person Friendships."
8. King, *Social Chemistry*, 37.
9. Ibid., 40.
10. Zaraska, "Why In-Person Friendships."
11. Ibid.
12. Jasper Groot et al., "A Snif of Happiness", *Psychological Science* 26, nº 6 (2015): 684–700.

13. "Diversity, Equity, and Inclusion at Idealist", Idealist, acesso em 1º de julho de 2024, https://www.idealist.org/en/about/diversity-equity-and-inclusion-at-idealist.
14. Tim Parsons, conselheiro sênior da Idealist, entrevistado pelo autor, julho de 2024.
15. Ibid.
16. Marjorie Anderson, estrategista de comunidade global para Exos @ Google, entrevistada pelo autor, junho de 2024; Carrie Melissa Jones, estrategista de comunidade, entrevistada pelo autor, julho de 2024.
17. Carrie Melissa Jones, "Embrace Radical Simplicity", 26 de setembro de 2024, https://www.carriemelissajones.com/blog/radical-simplicity.

Epílogo

1. Dorothy Day, *The Long Loneliness: The Autobiography of Dorothy Day* (Garden City, NY: Image Books, 1959), 286. Publicado no Brasil com o título *A Longa Solidão: Autobiografia de Dorothy Day*.

Agradecimentos

Várias pessoas me apoiaram tanto nesta aventura que me sinto honrado, encorajado e inspirado por tê-las ao meu lado. Dai Sun e Betty Chang, Bjorn Cooley, Gabriel Grant, Jason Harp, Kurt Johnson, Emily Levada, Rose-Anne Moore, Eric Ng, Mike O'Malley, Socheata Poeuv, Alan Price, Scott Sherman e a cadelinha Friday, que me acompanharam em tantas palavras. Eu reconheço que vocês fazem toda a diferença.

Muitas pessoas foram generosas com seu tempo e experiência na criação deste livro: Patricia Alejandro, Melissa Allen, Marjorie Anderson, Philip Armand, KG Bennet, Ezra Bookman, Rebecca Braglio, Kyle Brooks, Lama Surya Das, Grace DeGuzman, Judith Dupre, Amit Garg, Marcus Graham, Joel Grant, Lolita Jackson, Carrie Melissa Jones, Glenn Libby, Kevin Lin, Fernando Murray Loureiro, Arlene Manzana, Elizabeth Marshman, Stu McLaren, Kelly McNamara, Mike Minium, Liz Morgan, Sara Newens, Shoshana O'Brien, Alastair Ong, Bruce Quan, Nathana Sharma, James Vogl, Katie Wallace, Adam Warheit, Rebecca Wexler, Ben Winegarden e Josh Wyner.

Às pessoas gentis da cafeteria da Fortieth Street que me deixaram acampar com meu computador. Vocês de fato me ajudaram quando precisei de um lugar para escrever.

E àqueles que compartilharam suas experiências comigo e preferem manter sua identidade em sigilo, aceitem meu profundo agradecimento.

Agradecimentos

Índice

Sobre o Autor

Charles Vogl é escritor, palestrante e consultor. Seu trabalho é usado para desenvolver liderança e programas em todo o mundo nas áreas de tecnologia, educação, saúde, mídia, governo, transformação social e organizações militares, com o objetivo de tornar as pessoas mais adaptáveis e resilientes. Ele é um líder intelectual de confiança da Google School for Leaders, um programa que desenvolve vinte mil gerentes do Google. Ele também é membro fundador do Google Vitality Lab, um projeto para inovar a saúde em nossos dias.

Seu trabalho inclui ajudar outras pessoas a inspirar conexões poderosas em relacionamentos críticos. Ele se baseia no campo das tradições espirituais para entender como os indivíduos constroem lealdade, fortalecem a identidade e vivem valores compartilhados. Ele acredita que todo líder influente constrói uma comunidade de partes interessadas e relacionamentos cruciais dos quais depende. Quando os líderes sabem como criar uma comunidade robusta e comprometida, eles criam relacionamentos que são resilientes quando desafiados.

Charles teve seu primeiro contato com a construção de comunidades aos 24 anos, como voluntário em tempo integral em um abrigo para moradores de rua em Santa Ana, Califórnia. Lá, ele ficou impressionado com a compaixão e o comprometimento dos ativistas que realizavam um trabalho ingrato e repugnante diante de necessidades aparentemente insuperáveis.

Eles só conseguiam continuar servindo à comunidade. Ele passou a trabalhar com acesso à saúde rural e direitos humanos como voluntário do Corpo da Paz dos EUA na Zâmbia, onde se sentia exausto, ineficaz e sobrecarregado ao tentar fazer a diferença.

Foi somente mais tarde, como um documentarista enfrentando dificuldades em Nova York, que novos mentores lhe ensinaram a importância e a filosofia de construir uma comunidade para a transformação. Pela primeira vez, seu trabalho e sua equipe alcançaram sucesso internacional. Ele passou a estudar líderes em movimentos políticos e sociais e tradições espirituais na Universidade de Yale, onde continua a dar palestras como convidado.

Ele possui um mestrado em Teologia pela Universidade de Yale, onde estudou ética, religião, filosofia e negócios como bolsista da Fundação Jesse Ball DuPont. Ele mora em Berkeley, Califórnia. Em um ano agitado, ele sobreviveu a um acidente de avião, ao ataque de uma cobra naja e à malária aguda.

Em muitos fins de semana, ele oferece uma refeição quente entre amigos, com muitas risadas durante todo o tempo.

Você pode entrar em contato com ele em www.charlesvogl.com.